Thomas Jansen

Wie die Blockchain-Technologie Bruchteilseigentum an Immobilien für Kleinanleger zugänglich machen kann

AF126271

I

Bibliografische Information der Deutschen Nationalbibliothek:

Die Deutsche Nationalbibliothek verzeichnet diese Publikation in der Deutschen Nationalbibliografie; detaillierte bibliografische Daten sind im Internet über http://dnb.d-nb.de abrufbar.

Impressum:

Copyright © Science Factory 2021

Ein Imprint der GRIN Publishing GmbH, München

Druck und Bindung: Books on Demand GmbH, Norderstedt, Germany

Covergestaltung: GRIN Publishing GmbH

II

Inhaltsverzeichnis

Abbildungsverzeichnis

Abkürzungsverzeichnis

BaFin	Bundesanstalt für Finanzdienstleistungsaufsicht
BMI	Building Information Modeling
BMVI	Bundesministerium für Verkehr und digitale Infrastruktur
BGB	Bürgerliches Gesetzbuch
DLT	Distributed-Ledger-Technologie
ERC	Ethereum Request for Comments
IoT	Internet of Things
JAU	Jenfelder Au Token
LLC	Limited Liability Company
PoW	Proof of Work
PoS	Proof of Stake
DPoS	Delegated Proof of Stake
SLLC	Series Limited Liability Company
TAM	Technologieakzeptanzmodell
WEG	Wohnungseigentumsgesetz

1 Einleitung

Die Distributed-Ledger-Technologie (DLT), im allgemeinen Sprachgebrauch oftmals vereinfacht als Blockchain-Technologie bezeichnet, die zu ihrer Entstehungsphase im Verständnis der meisten Menschen hauptsächlich mit dem Anwendungsfall des digitalen Zahlungsnetzwerkes Bitcoin verbunden wurde, hat in den letzten Jahren aufgrund ihres weitreichenden Nutzenpotentials über die Finanzbranche in alle anderen Wirtschaftsbereiche Einzug gehalten. Die Bedeutung der Technologie ist dadurch auf ein Maß hin angewachsen, dass selbst Regierungen mit einer zunächst repressiven Haltung, die Notwendigkeit zur Schaffung eines regulatorischen Rahmens zum Zwecke der Beeinflussung der weiteren Entwicklung erkannt haben. Die meisten Großunternehmen und Staaten haben sich daher bereits mit darauf ausgerichteten Abteilungen oder Forschungsprojekten mit der Untersuchung des Potentials, aber auch den damit einhergehenden Risiken befasst. Unternehmen sind hinsichtlich der Sicherung der zukünftigen Wettbewerbsfähigkeit gezwungen, den Nutzen für die eigene Branche zu erforschen. Staaten wiederum sehen das Potential in der Ermöglichung und Förderung attraktiver Rahmenbedingungen, um die auf der Technologie aufbauenden Unternehmen und die damit verbundene Wirtschaftskraft für ihr Land zu gewinnen.

Eine Branche, die sich in der Vergangenheit gegenüber technologischem Fortschritt, aufgrund funktionierender und bewährter Geschäftsmodelle und- prozesse, im Vergleich zu anderen Branchen, weniger adaptionsfreudig gezeigt hat, ist die Immobilienwirtschaft. Auch wenn die Branche in den letzten Jahren im Bereich der Digitalisierung grundsätzlich fortgeschritten ist und Innovationsbereitschaft entwickelt hat, trifft dies auf den Bereich der Blockchain-Technologie noch nicht in dem Maße zu, wie dies in anderen Wirtschaftsbereichen bereits der Fall ist. Dabei könnte sich insbesondere für den Bereich der Immobilientransaktionen und dem Erwerb von Immobilieneigentum durch mehrere Kleinanleger, ein enormes disruptives Innovationspotential ergeben, indem Realwerte und deren Management mithilfe digitaler Netzwerke und Prozesse vereinfacht und damit für deutlich mehr Menschen zugänglich gemacht werden. Die Mehrheit der Bevölkerung, die an der Immobilienwirtschaft lediglich als Endverbraucher beteiligt ist und aufgrund der finanziellen Einstiegsbarrieren kaum als Teilhaber in Erscheinung tritt, könnte auf diesem Wege in einem steigenden Maße von dem technologischen Fortschritt profitieren. Die Entstehung dezentraler Netzwerke zu diesem Zwecke kann es erstmalig auch mehreren Kleinanlegern ermöglichen, Eigentumsbruchteile an Immobilien zu erwerben, was bislang nur umständlich möglich war, auch wenn in gleichem

Zuge damit verbundenen Risiken einhergehen. Aus diesem Grund soll das gegenwärtige und zukünftige Potential von Bruchteilseigentum mithilfe der DLT für den Kleinanleger, sowie die Grenzen der Realisierbarkeit im aktuellen regulatorischen Rahmen, in dieser Arbeit genauer betrachtet werden.

Im ersten Teil wird zunächst die aktuelle Situation auf dem deutschen Immobilienmarkt aus Sicht der Kleinanleger untersucht, um im Anschluss die besondere Form des Bruchteilseigentums an Immobilien darzustellen. Die DLT, die den Immobilienmarkt in Form von Bruchteilseigentum für Kleinanleger zukünftig zugänglich machen könnte, wird daraufhin in den wichtigsten Grundbestandteilen erläutert und im daran angeschlossen Teil, mithilfe zweier Praxisfälle in ihren aktuellen Ausgestaltungsformen aufgezeigt. Als nächstes werden die sich daraus aktuell noch ergebenden Grenzen hinsichtlich der Realisierbarkeit und das sich möglichweise für die Zukunft ergebende Potential herausgearbeitet. Zum Abschluss erfolgt eine Zusammenfassung in Bezug zur Leitfrage gesetzt, um die noch weiter zu untersuchenden Aspekte dieser Thematik festzuhalten und einen Ausblick auf die mögliche zukünftige Entwicklung zu geben.

2 Immobilienmarkt und Bruchteilseigentum

2.1 Immobilienmarkt

2.1.1 Definition

Als Immobilienmarkt wird der Ort bezeichnet an dem Angebot und Nachfrage nach dem Wirtschaftsgut Immobilien und damit verbundenem Grund und Boden zusammentreffen, sodass durch die Interaktion zwischen Verkäufern und Käufern ein Gleichgewichtspreis entsteht. Der Markt ist in die Teilmärkte Wohn- und Gewerbeimmobilien gegliedert, auf denen der Preis für eine temporäre Überlassung sich in Form der Miete und für den Verkauf als Marktwert bildet.[1]

Immobilien weisen im Vergleich zu Konsumgütern, aber auch den meisten anderen Anlagegütern besondere Merkmale auf, die sich auf den Markt und die teilnehmenden Akteure auswirken. Dazu zählen die kapitalintensive Herstellung und Vermarktung, die Langlebigkeit und die Standortbindung des Wirtschaftsgutes. Durch die nicht gegebene Möglichkeit der Substitution lässt sich die Immobilie auch als Sozialgut bezeichnen.[2] Diese Merkmale und daraus resultierende Marktstrukturen schaffen Einstiegsbarrieren für den Immobilienmarkt, die viele Privatpersonen von dem Erwerb ausschließen. Insbesondere der Erwerb von Immobilienanlagen zum Zwecke der Vermögenssteigerung und nicht zur reinen Deckung des eigenen Wohnbedarfs, ist bei den meisten Privathaushalte kaum vorhanden.[3] Die aktuelle Marktstruktur soll daher im folgenden Abschnitt genauer untersucht werden.

2.1.2 Marktstrukturanalyse

Zur Darstellung der Immobilienmarktstruktur wird der deutsche Markt beispielhaft hinsichtlich der Verteilung des Immobilienvermögens auf die Marktteilnehmer herangezogen. Dieser wird auch im weiteren Verlauf der Arbeit als Betrachtungsgegenstand herangezogen und lediglich anhand eines Praxisbeispiels auf den US-amerikanischen Markt ausgeweitet. Die Analyse der Vermögensallokation in Teilmärkten gibt Rückschlüsse auf die Wertschöpfung aus dem Anlagegut und ist daher

---

[1]   Vgl. Rottke & Thomas, 2017, S. 120.
[2]   Vgl. Hellerforth, 2012, S. 3.
[3]   Vgl. Destatis, Statistisches Bundesamt, 2019b, S. 23.

von besonderer Bedeutung für die Frage nach dem Potential einer Umstrukturierung des Immobilienmarktes durch Nutzung technischer Neuerungen.

Die vorliegende Arbeit unterteilt den Markt in zwei Hauptgruppen hinsichtlich der Art der Nutzung des Immobilienbesitzes, wobei zunächst die direkte Investition in Immobilienanlagen über den Eigentumserwerb, also in eine Sachanlage betrachtet wird. Es handelt sich auf der einen Seite um Personen, die ihren Immobilienbesitz zur Eigennutzung vorhalten und zum anderen um Personen, die Immobilien zum Zwecke der Gewinnerzielung besitzen und auf dem Markt anbieten.[4] In Deutschland liegt die Eigentümerquote, also der Anteil der von Eigentümern selbst genutzten Wohnung an allen Wohnungen, im Jahr 2018 bei 42,1 %.[5] Diese Immobilienbesitzer ziehen keine Kapitalerträge aus der Immobilienanlage, sondern decken lediglich ihren eigenen Wohnbedarf. Der Gesamtanteil der privaten Haushalte, die Haus- und Grundbesitz im Privatvermögen halten liegt bei 47,5 %, also kaum höher als der Anteil der Selbstnutzer.[6] Daraus wird deutlich, dass die Quote private Haushalte, die die Möglichkeit haben einen Kapitalertrag aus ihrem Grundbesitz zu ziehen, sehr gering ist. Dies deckt sich mit der geringen Prozentzahl von 0,5 % der Bevölkerung im Jahr 2018, die Einkommen aus Vermögen ziehen können, wobei hierunter auch andere Kapitalerträge, außer denen durch Vermietung und Verpachtungen, fallen.[7] Die Prozentzahl der privaten Vermieter gemessen an der Gesamtbevölkerung lag im Jahr 2015 bei 9,3 % und ist damit über einen Zeitraum von 15 Jahren um 1,5 Prozentpunkte gestiegen, jedoch im darauf folgenden Jahr wieder leicht gesunken.[8] Deutschland liegt damit unterhalb des europäischen Durchschnitts von 11,3 %. Dies steht der geringen Eigentumsquote gegenüber und beeinträchtigt die private Vermögensbildung nachhaltig, was sich auch im internationalen Vergleich widerspiegelt und insbesondere auf Unterschiede im Immobilienvermögen zurückzuführen ist.[9]

---

[4] Vgl. Brunner, 1997, S. 13.
[5] Vgl. Statista, 2019, S. 1.
[6] Vgl. Destatis, Statistisches Bundesamt, 2019b, S. 23.
[7] Vgl. Destatis, Statisches Bundesamt, 2019a, S. 1.
[8] Vgl. Voigtländer & Seipelt, 2017, S. 9.
[9] Vgl. Just & u.a., 2017, S. 64.

Alternativ zur direkten Investition in Immobilienanlagen besteht die Möglichkeit sich indirekt an Immobilienwerten zu beteiligen. Darunter fallen beispielsweise Aktien von Immobilienunternehmen und Anteile an Immobilienfonds.[10] Diese Investitionsform stellt für Kleinanleger oftmals aufgrund der geringen Markteintrittsbarrieren die erste Wahl dar. Kleinanleger sind an dieser Stelle und im weiteren Verlauf der Arbeit als natürliche Personen zu verstehen, denen nur eine geringe bis keine Fachkenntnis zu Anlageentscheidungen unterstellt wird.[11] Das in Deutschland in offenen Immobilienfonds gebundene Vermögen beläuft sich für das Jahr 2017 auf € 89,24 Milliarden und liegt schwerpunktmäßig im Büromarkt.[12] Im Jahr 2018 besaßen 2.192.000 der privaten Haushalte Vermögen in Immobilienfonds mit einem durchschnittlichen Wert von € 1.200,00. Im Vergleich zu anderen Vermögensarten wie Lebensversicherungen, die zum Vermögen von 18.913.000 Privathaushalten zählen und einem Durchschnittswert von € 14.500,00 aufweisen oder auch Sparguthaben von 14.623.000 Privathaushalten mit einem Durchschnittswert von € 3.800,00, ist die Investitionsquote der Privathaushalte in Immobilien im Jahr 2018 gering.[13]

Zusammenfassend lässt sich daher für den deutschen Immobilienmarkt aus Sicht der Privathaushalte feststellen, dass sowohl die Eigentumsquote im internationalen Vergleich, als auch die Investitionsquote zur Erzielung von Mieteinkünften gering ausfallen.[14] Ursächlich hierfür sind neben den in Kapitel 2.1.1 genannten Besonderheiten des Marktes auch juristische Rahmenbedingungen, sodass nachfolgend die Eigentumsform des Bruchteilseigentums als Möglichkeit zur Reduzierung von Eintrittsbarrieren für Kleinanleger in den Immobilienmarkt näher betrachtet wird.

---

[10] Vgl. Kofner, 2019, S. 26.
[11] Vgl. § 67 (3) WpHG.
[12] Vgl. Statista Research Department, 2018, S. 1.
[13] Vgl. Destatis, Statistisches Bundesamt, 2019b, S. 18 f.
[14] Vgl. Statista, 2019, S. 1.

2.2 Bruchteilseigentum

2.2.1 Definition

Das Bruchteilseigentum stellt eine besondere Form des Eigentums dar, in welcher mehrere natürliche oder juristische Personen sogenannte Miteigentümer einer Immobilie oder auch anderer Wirtschaftsgüter sind. Die Immobilie wird dabei nicht real, sondern nur ideell in Bruchteilen unter den Miteigentümern aufgeteilt und es entsteht wie beispielsweise im Erbfall durch Gesetz oder in den übrigen Fällen durch Rechtsgeschäft eine Bruchteilsgemeinschaft.[15] Die Eigentümer werden dabei unter Angabe ihrer jeweiligen ideellen Anteile in Abteilung I des Grundbuches, die dem Zweck der Darstellung der Eigentumsverhältnisse an einer Immobilie dient, eingetragen.[16] Es handelt sich dabei um dingliches Recht im Rahmen des Sachenrechts. Der Erwerb eines Bruchteils am Eigentum einer Immobilie fällt unter die Direktinvestition aufgrund des umfassenden Nutzungsrechtes an der Sache.[17] Juristisch definiert wird das Bruchteilseigentum in Deutschland in § 1008 bis § 1011 des Bürgerlichen Gesetzbuches (BGB). Abzugrenzen ist das Bruchteilseigentum von der besonderen Form des Wohnungseigentums, bei welchem man Miteigentümer am Gemeinschaftseigentum einer Wohnungseigentümergemeinschaft in Verbindung mit Sondereigentum an einer einzelnen Wohnung wird, was wiederum in § 741 bis § 758 des BGB geregelt ist. Bruchteilseigentum soll daher in dieser Arbeit allgemein als Eigentum von mehreren Personen verstanden werden, ähnlich dem englischen Begriff des Fractional Ownership, wie er sinngemäß auch in den Gesetzen anderer europäischer Staaten wie Italien, Frankreich oder der Schweiz zu finden ist.[18]

2.2.2 Vorteile

Diese Eigentumsform ermöglicht es mehreren Personen gemeinsam eine direkte Immobilieninvestition zu tätigen ohne selbst die vollständigen finanziellen Mittel für die Gesamtinvestition aufzubringen und trotzdem die im Vergleich zu indirekten Investition umfassenden Nutzungs- und vor allem Sicherungsrechte in Anspruch zu nehmen, falls die Finanzierung als Eigenkapitalfinanzierung geführt

---

[15] Vgl. Madaus, 2012, S. 252 f.
[16] Vgl. Handschumacher, 2019, S. 128 f.
[17] Vgl. Schmoll & u.a., 2015, S. 404 f.
[18] Vgl. Krimphove, 2006, S. 41.

wird.[19] Über seinen ideellen Anteil kann jeder Eigentümer frei verfügen, also diesen auch veräußern und belasten. Dadurch sind einzelne ideelle Anteile marktfähig, ohne die Zustimmung weiterer Miteigentümer zu erfordern.[20] Die rechtliche Ausgestaltung des Immobilieneigentums als Bruchteilseigentum schwächt daher die Einstiegsbarrieren in den Immobilienmarkt, wie die kapitelintensiven Losgrößen beim Erwerb und die umständliche Liquidierbarkeit, zunächst ab.

2.2.3 Nachteile

Die Bruchteilsgemeinschaft kann über den Gesamtgegenstand nur gemeinschaftlich entscheiden, sodass im Falle der Gesamtveräußerung und nicht der ideellen Einzelanteile, die Zustimmung aller Miteigentümer notwendig ist.[21] Die gesetzlichen Bestimmungen des Miteigentums sehen eine entsprechend der Quote der Eigentumsanteile bestimmte Verteilung sämtlicher Rechte und Pflichten, die sich aus dem Eigentum des Gegenstandes ergeben, vor.[22] Da einige Rechtsbeziehungen nicht immer quantitativ abzugrenzend sind, entsteht ein Problem bei der Aufteilung auf die Bruchteilseigentümer. Davon betroffen ist insbesondere das Gebrauchsrecht, also die Sachherrschaft über den Gegenstand. Diese sieht keine Aufteilung vor, sondern ein Gebrauchsrecht für jeden Eigentümer mit der einzigen Beschränkung, sich gegenseitig im Gebrauch nicht zu beeinträchtigen.[23] Sollte hinsichtlich des Gebrauchsrechts von vornherein zu erwarten sein, wie es im Falle des Gebrauchs einer Immobilie üblich sein wird, dass ein Nutzung durch den einzelnen Miteigentümer ohne Beeinträchtigung der Nutzungsmöglichkeit der Übrigen nicht möglich ist, muss eine Nutzungsordnung gelten. Diese wäre durch Mehrheitsbeschluss oder Gerichtsurteil zu schaffen.[24]

Den mit dem Bruchteilseigentum einhergehenden Nachteilen kann mit schuldrechtlichen Regelungen der Miteigentümer untereinander und Schaffung technischer Strukturen begegnet werden, worauf im Kapitel 4 durch Darstellung möglicher Ausgestaltungsformen eingegangen wird.

---

[19] Vgl. Kofner, 2019, S. 27.
[20] Vgl. § 747 BGB i.V.m. § 1008-1011 BGB.
[21] Vgl. Krimphove, 2006, S. 41.
[22] Vgl. § 1008-1011 BGB.
[23] Vgl. Pavlos, 2014, S. 454 ff.
[24] Vgl. § 745 BGB.

2.2.4 Abgrenzung Crowdinvesting

In Abgrenzung zum dinglichen Bruchteilseigentum als Form der gemeinschaftlichen Investition in ein hochpreisiges Anlegegüter wie einer Immobilie, lässt sich aktuell die Etablierung von Plattformen zum Immobilien-Crowdinvesting beobachten. Konzeptionell treten beim Crowdinvesting drei Akteure im Rahmen der Investition über Onlineplattformen in Kontakt. Der Betreiber der Plattform tritt dabei als Intermediär zum Zwecke der Vermittlung zwischen dem Projektinitiator und den potentiellen Investoren auf.[25]

In Abgrenzung zur dinglichen Sicherung über das im Grundbuch eingetragene Bruchteilseigentums, erfolgte die Sicherung der Investorenansprüche beim Crowdinvesting, zum Zeitpunkt des Aufkommens dieser gemeinschaftlichen Finanzierungsform im Jahr 2012, hauptsächlich in Form von Nachrangdarlehen.[26] Die Nachrangigkeit bedeutet für die Investoren im Falle des Scheiterns des Projektes oftmals den Totalausfall der Gelder, ohne das ein Restwert in Form des Eigentums an Grund und Boden verbleibt. Zur Verbesserung des Risikoprofils von Projekten, die Investorengelder bis dato auf diese Weise im Vergleich zu anderen Investoren nachteilig besicherten, wurde im Jahr 2017 zum ersten Mal ein Bankdarlehen durch die Vermittlungsplattform Bergfürst aufgesetzt.[27] Dies führt zu einer Verbesserung der rechtlichen Stellung der Gläubiger und damit auch einer größeren Marktakzeptanz, sodass im Jahr 2018 andere Anbieter diesem Beispiel folgten. Voraussetzung hierfür ist, dass die Plattform eine Bankenlizenz besitzt oder mit einem Bankenlizenzinhaber kooperiert.[28] Es handelt sich in beiden Fällen um eine reine Fremdkapitalfinanzierung eines Projektes und des dadurch entstehenden Wirtschaftsgutes, welche vom sachenrechtlichen Erwerb, wie es beim Bruchteilseigentum stattfindet, abzugrenzen ist.[29] In Kapital 4 werden sowohl die Eigenkapital- als auch die Fremdkapitalfinanzierung im Rahmen des Immobilieninvestments noch einmal hinsichtlich ihrer Vor- und Nachteil im Detail untersucht und jeweils ein Praxisbeispiel betrachtet.

---

[25] Vgl. Kunz & u.a., 2016, S. 10.
[26] Vgl. Helmrich & u.a., 2019, S. 48.
[27] Vgl. Sandler, 2017, S. 60 f.
[28] Vgl. Helmrich & u.a., 2019, S. 47.
[29] Vgl. Blackmanta Capital, 2020, S. 1 f.

3 Distributed-Ledger-Technologie

3.1 Definition

Unter der DLT versteht man „dezentral geführte informationstechnische Systeme, wie Register und Kontobücher, bei denen Werte [...] direkt zwischen den Teilnehmern ausgetauscht werden können."[30] Die Validierung der Daten erfolgt dabei dezentral durch die Netzwerkteilnehmer unter Berücksichtigung systemweiter Konsensmachismen, die je nach Projekt unterschiedlich ausgestaltet sind.[31] Konsensmechanismen, als allgemein gültige Regeln zur Sicherung der Echtheit von Netzwerktransaktionen, sind aufgrund des Fehlens einer zentralen Kontrollinstanz innerhalb des Netzwerkes notwendig. Hintergrund ist, dass bestehende Netzwerke oder Plattformen, aufgrund des Mangels an Vertrauen zwischen den Teilnehmern bislang nur funktionieren können, wenn ein vertrauenswürdiger Dritter zwischengeschaltet ist. Dieser garantiert, dass die Transaktionen zwischen den Teilnehmern sicher und verlässlich sind, ohne das physische Nachweise hierfür erbracht werden müssen.[32] Davon ausgehend haben die unterschiedlichen Strukturierungskonzepte der DTL den gemeinsamen Ansatz der Aufhebung dieses Vertrauensdefizits in einer digitalen Netzwerkumgebung ohne vertrauenswürdige Dritte. Die im aktuellen Werteaustausch über das Internet erforderlichen Intermediäre sollen durch die Schaffung einer unveränderlichen Datenstruktur obsolet werden und die Netzwerkteilnehmer trotzdem vor Betrug durch Datenmanipulation und Missbrauch geschützt sein.[33]

3.2 Bestandteile

Das Konzept, um ein auf dieser Technologie aufbauendes Netzwerk zu betreiben, erfordert die Verteilung der im Kontenbuch gespeicherten Transaktionen zum Zweck des Managements von Vermögenswerten. Dafür bedarf es eines physischen Netzwerks von dezentral verbundenen Computern als gemeinsame Betreiber des Netzwerks, die miteinander unter Berücksichtigung von Konsensmechanismen kommunizieren. Die Vernetzung und der Datenaustausch erfolgen dabei über das Internet, jedoch dezentral und damit ohne Rückgriff auf eine zentral durch einen

---

30 Bundesministerium der Finanzen, 2019, S. 3.
31 Vgl. Schweizer Bundesrat, 2018, S. 18.
32 Vgl. Kusber, Schwalm, Berghoff, & Korte, 2018, S. 2.
33 Vgl. Kejriwal & Mahajan, 2017, S. 2.

Intermediär betriebene Plattform, wie es aktuell üblich ist.[34] Im Zuge der Weiter-entwicklung des Konzeptes werden zudem sogenannte Smart-Contracts imple-mentiert, die als automatisierte Vertragsäquivalente auf dem jeweiligen Netzwerk-Protokoll zu verstehen sind und ein Mittel zum Management von Verträgen und damit Rechten und Verpflichtungen der Netzwerkteilnehmer untereinander dar-stellen. [35] Auf Smart-Contracts wird als wichtiger Bestandteile der DTL zum Ende dieses Kapitels genauer eingegangen.

3.3 Ausprägungen Distributed-Ledger-Technologie

Im allgemeinen Sprachgebrauch wird für die DLT auch synonym der Begriff Block-chain verwendet, wobei es sich hierbei genau genommen nur um eines der mögli-chen Ausgestaltungskonzepte der Technologie handelt, auf dessen Basis beispiels-weise auch die Kryptowährung Bitcoin beruht.[36] Der Name stammt dabei von der Abspeicherung der Transaktionen innerhalb einzelner Blöcke, die jeweils mit dem in der Netzwerkhistorie vorangegangenen Block verbunden sind und damit eine Kette von Blöcken bilden.[37] Weitere Formen sind Herera Hashgrap Avalanche und Tangle von IOTA, die im Unterschied zu Blockchain die Transaktionen nicht in ver-ketteten Blöcken speichern, sondern mehrdimensionale Datenstrukturen nut-zen.[38] Der Hauptunterschied zwischen den Formen besteht in der Art der Konsens-findung, also den im Protokoll hinterlegten Konsensmechanismen zwischen den Netzwerkteilnehmern, worauf in Kapitel 3.4.3 genauer eingegangen wird.[39] Auf-grund der Verwendung der Blockchain als Technologie hinter Bitcoin, der mit einer Kapitalisierung von € 129 Milliarden einen Anteil von 64 % am gesamten Kryp-towährungsmarkt besitzt[40] und der ständigen Entwicklung weiterer Formen der DTL, wird nachfolgend nur die Blockchain näher betrachtet.

---

[34] Vgl. Voshmgir, 2019, S. 68.
[35] Vgl. Voshmgir, 2019, S. 87.
[36] Vgl. Geiling, 2016, S. 1.
[37] Vgl. Million, 2019, S. 13.
[38] Vgl. Team Rocket, 2018, S. 1.
[39] Vgl. Reetz, 2019, S. 8.
[40] Vgl. CoinMarketCap, 2020, o. S.

3.4 Beispiel Blockchain

Das Blockchain-Konzept bildet die technologische Grundlage für das unter dem Pseudonym Satoshi Nakamoto im Jahr 2008 veröffentliche Bitcoin-Whitepaper, in welchem eine Anwendung zur Ermöglichung eines „Peer-to-Peer Electronic Cash System" dargestellt wird.[41] Anlass war die Finanzkrise im Jahr 2018, um ein dezentrales und von Finanzinstituten unabhängig strukturiertes Zahlungsnetzwerk zu bilden. Der Austausch der digitalen Netzwerkwährung Bitcoin entspricht im Sinne der Peer-to-Peer Struktur einer direkten Transaktion zwischen den Netzwerkteilnehmern. Die Implementierung erfolgte am 03.01.2009 mit der Generierung des sogenannten Genesis-Blocks und stellt damit die erste funktionsfähige Umsetzung eines Peer-to-Peer-Netzwerkes dar, welches dem digitalen Werteaustausch inhärente Problem des Double-Spendings[42] ohne Einbindung vertrauenswürdiger Intermediäre löst.[43] Aufgrund dieser Tatsache ist das Bitcoin-Protokoll das älteste und bekannteste DLT-Projekt, woher auch die unscharfe Trennung der Begriffe Blockchain und DLT stammt. Zum besseren Verständnis soll Bitcoin lediglich beispielhaft als bereits funktionsfähige Anwendung herangezogen werden, auch wenn es weitere Anwendungen auf Basis von projekteigenen Blockchain-Protokollen gibt. Eingegrenzt wird der Betrachtungsbereich weiterhin auf die Haupteigenschaften, die für ein Blockchain-Protokoll zum Management von Bruchteilseigentum von grundlegender Bedeutung sein könnten, da weitere Teilaspekte zwar ebenfalls eine Rolle spielen, jedoch je nach weiterer technischer Entwicklung veränderbar sind.

3.4.1 Asset

Im Zentrum des Blockchain-Konzeptes als Form der DLT steht das zugrunde liegende Asset, also ein digitaler Vermögenswert, dessen Veränderung über die Zeit dokumentiert wird.[44] Dabei kann es sich sowohl um Eigentumsrechte, also auch um Zugangsrechte verschiedenster Art handeln, deren Attribute und Veränderung in Form von durch Software generierten Token festgehalten werden. Token stellen eine Art digitalen Zwilling von Wirtschaftsgütern dar und werden in einem sogenannten Wallet, also einer digitalen Geldbörse, verwahrt.

---

[41] Vgl. Nakamoto, 2008, S. 1.
[42] Eine nähere Erläuterung des Begriffs erfolgt in Kapitel 3.4.5.
[43] Vgl. Voshmgir, 2019, S. 53.
[44] Vgl. Million, 2019, S. 18.

Eine Veränderung der Asset-Attribute kann im Austausch unter den Netzwerkteilnehmern durch Smart-Contracts erfolgen, worauf in Kapitel 3.5.7 genauer eingegangen wird.[45]

3.4.2 Netzwerk

Das Netzwerk stellt die Infrastruktur zum Austausch der Teilnehmer dar und wird durch das zugrunde liegende Blockchain-Protokoll bestimmt. Eine genauere Bestimmung der Netzwerkart lässt sich in Bezug auf die Zugänglichkeit vornehmen. Dabei werden drei Netzwerkarten unterschieden.

Die erste Art weist keine Einschränkungen auf und stellt daher ein öffentliches Netzwerk dar. Diesem kann grundsätzlich jeder beitreten, indem eine Registrierung ohne zuvor erforderliche Freigabe durch eine zentrale Instanz erfolgt. Der Betritt zu privaten Netzwerken erfordert eine vorherige Freigabe durch eine zentrale Kontrollinstanz, wodurch die Zugänglichkeit eingeschränkt wird. Konsortium-Netzwerke, als Sonderform des privaten Netzwerkes, stellen die dritte Netzwerkart dar. Diesen kann erst nach Erteilung der Zustimmung eines oder mehrerer Konsortiumsmitglieder beigetreten werden.

Die unterschiedlichen Netzwerkarten treten auch in Mischformen auf, die sich in den Rechten, beispielsweise hinsichtlich Lese-, Schreib- und Änderungsbefugnissen und des zugrunde liegenden Verwendungszweckes, unterscheiden.[46] Die Festlegung richten sich daher nach dem Zweck der zugrunde liegenden Anwendung.

3.4.3 Konsensarten

Aufgrund der dezentralen Organisation des Netzwerkes, bedarf es Konsensmechanismen, um eine Übereinkunft zwischen den Netzwerkteilnehmern zu erreichen. Systeme mit zentraler Instanz bedürfen aufgrund der Kontrolle durch einen Intermediär keiner Konsensmechanismen. Um eine validen Datenlage zu schaffen werden daher Konsensmechanismen im Netzwerkprotokoll hinterlegt, die sich in Sachen Performance, also Durchsatzgeschwindigkeit der Transaktion, der Sicherheit und dem Verwendungsszenario unterscheiden.

Zum aktuellen Zeitpunkt lassen sich hauptsächlich drei Konsensmechanismen in der Praxis finden, deren unterschiedliche Eigenschaften in folgender Abbildung

---

[45] Vgl. Voshmgir, 2019, S. 139.
[46] Vgl. Schweizer Bundesrat, 2018, S. 24 f.

aufgeführt sind. Der bekannteste und durch die Kryptowährung Bitcoin verwendete Proof of Work (PoW) wird dabei kurz erläutert und die beiden weiteren, der Proof of Stake (PoS) und der Delegated Proof of Stake (DPoS), kurz dazu in Vergleich gesetzt.

Proof of Work (PoW)	Proof of Stake (PoS)	Delegated Proof of Stake (DPoS)
•Arbeitsnachweis •Validierung durch Lösung mathematischer Rätsel •Hoher Energieverbrauch •Geringer Transaktionsdurchsatz	•Anteilsnachweis •Validierung durch Knotenpunkte •Schneller, aber Vertrauen verstärkt auf Institutionen ausgerichtet	•Delegierter Anteilsnachweis •Aufbau einer demokratischen Ordnung (Wähler, Zeugen, Delegierte) •Schneller als PoW oder POS, aber auch anfälliger gegen Manipulation

Abb. 1: Arten von Konsensmechanismen
(Quelle: Eigene Darstellung in Anlehnung an Million, 2019, S. 28)

Das Bitcoin-Protokoll nutzt den Mechanismus des PoW, der einen hohen Sicherheitsstandard und die Dezentralität der Netzwerkentscheidungen garantiert und sich in der Praxis bislang als manipulationssicher bewährt hat. Die Validierung von Netzwerktransaktionen erfolgt bei diesem Mechanismus über die Lösung von mathematischen Rätseln, unter Aufbringung von Rechenleistung, wodurch eine ökonomische Hürde geschaffen wird und Manipulationsversuche unrentabel gemacht werden.[47] Dies beruht auf der Tatsache, dass die Netzwerkteilnehmer, die an der Lösung des Rätsels zum Zwecke einer Belohnung teilnehmen, untereinander im Wettbewerb stehen und für eine erfolgreiche Manipulation mehr als 51 % der Rechenleistung des gesamten Netzwerkes auf sich vereinen müssten.[48] Daraus folgt, dass je größer das Netzwerk wird und je mehr Rechenleistung zur Verfügung steht, desto höher ist dessen Sicherheit. Darin liegen jedoch auch die im Vergleich zu den beiden anderen gängigen Mechanismen größten Nachteile, der hohe Energieverbrauch und der geringe Transaktionsdurchsatz durch die rechenintensive Lösung von mathematischen Problemen, begründet.[49] Diese Nachteile treten beim PoW nicht auf, da die Validierung der Netztransaktionen durch den namensgebenden

---

[47] Vgl. Reetz, 2019, S. 11.
[48] Vgl. Million, 2019, S. 30.
[49] Vgl. Antonopoulos, 2018, S. 216.

Nachweis von Netzwerkanteilen, den sogenannten Stakes, erfolgt. Dadurch kann auf das zeitintensive und energieverbrauchende Lösen von mathematischen Rätseln verzichtet werden, denn die Validierung der Transaktionen erfolgt über vertrauenswürdige Netzwerkteilnehmer mit hohen Anteilen, beziehungsweise Vermögen in Form der Netzwerkwährung.[50] Nachteilig ist die im Vergleich zum PoW verstärkte Zentralisierung von Einfluss, was auch auf den dritten Mechanismus, den DPoS zutrifft. Hierbei findet die Konsensfindung über die Wahl von sogenannten Wählern, Zeugen und Delegierten statt. Es handelt sich folglich um eine demokratische Struktur zur kontinuierlichen Bestimmung von Netzwerkfunktionären. Der Transaktionsdurchsatz dieses Mechanismus ist höher als bei den beiden zuvor genannte, jedoch geht dies mit einer Zentralisierung und damit Manipulationsanfälligkeit einher.[51] Je nach Anwendungsbereich muss daher für Praxislösungen ein geeigneter Konsensmechanismus festgelegt werden, auch wenn die derzeitigen Fortschritte im Bereich der DTL ständig neue Arten Konsensarten hervorbringen.

3.4.4 Double-Spending-Problem

Im Rahmen von Transaktionen in einem digitalen Netzwerk, bestehend aus einander nicht vertrauenden Teilnehmern, bedurfte es bislang der Zwischenschaltung von Intermediären, denen beide Parteien vertrauen können. Ohne diese Drittparteien bestehen Betrugsrisiken, zu denen unter anderem das Double-Spending-Problem gehört. Aufgrund der Reproduzierbarkeit von digitalen Werten und der Veränderlichkeit von Transaktionen ist es möglich, dass der Sender eines digitalen Wertes den Versand an mehrere Empfänger vornimmt und die Empfänger nicht die Möglichkeit zur eigenständigen Überprüfung haben, ob der Wert bereits anderweitig vergeben wurde. Dadurch hat lediglich der Empfänger, der zuerst auf den Wert zugreift, die Möglichkeit zur Verwendung im Rahmen einer neuen Transaktion. Die übrigen Empfänger erhalten keinen Wert, obwohl sie ihrerseits im Vorfeld üblicherweise eine Gegenleistung an den Sender erbracht haben. Der Betrug wäre im Rahmen des digitalen Netzwerkes nicht nachzuverfolgen, sodass es kryptographischer Mechanismen zu dessen Verhinderung bedarf, um ohne Intermediäre auszukommen.[52] Das Bitcoin-Protokoll beinhaltete als erste Anwendung eine funktionierende Lösung für das Double-Spending-Problem innerhalb einer praxisfähigen

---

[50] Vgl. Egloff & Turnes, 2019, S. 61 f.
[51] Vgl. Schacht & Lanquillon, 2019, S. 197.
[52] Vgl. Schneider, 1996, S. 213.

Netzwerkstruktur. Die Struktur sieht die Veröffentlichung sämtlicher Transaktionen innerhalb des Netzwerks und die Validierung der einzelnen Transaktionen vor. Die Validierung erfolgt durch einen an die Transaktion angebrachten Zeitstempel, mit Bezug auf die vorangegangenen Transaktionen, der erst nach erfolgreicher Konsensfindung unter Aufbringung von Rechenleistung im Netzwerk veröffentlicht werden.[53] Hierbei wird auf die zuvor bereits dargestellten Konsensmechanismen zurückgegriffen, um eine einheitliche Datenbasis zu gewährleisten.

3.4.5 Public-Key Kryptographie

Das Public-Key Verfahren beruht auf einem kryptographischen Konzept, welches aus einem Public-Key und einem Private-Key besteht und im Rahmen der DTL zur Identifizierung und Validierung von Transaktionspartnern genutzt wird. Es handelt sich um ein Verschlüsselungsverfahren, bei dem der Sender einer Transaktion einen Public-Key angibt, also einer Art öffentlich einsehbaren Adresse innerhalb des Netzwerkes. Damit wird die Quelle des digitalen Vermögenswertes bestimmt und im nächsten Schritt die Verfügungsbefugnis anhand eines Private-Keys nachgewiesen, um den Versand freizugeben. Als Empfängeradresse wird der Public-Key des Empfängers angegeben. Dieser kann den digitalen Vermögenswert durch Verwendung seines Private-Key freigeben bzw. in einer neuen Transaktion verwenden. Wie der Name bereits beinhaltet, kann der Public-Key öffentlich als Adresse im Rahmen von Transaktionen preisgegeben werden und der dazugehörige Private-Key wird als eine Art Passwort geheim gehalten, da jeder Netzwerkteilnehmer der in Besitz des verbundenen Public-Private-Key-Paares ist, die mit dem Public-Key verbundenen Mittel freigeben kann.[54]

3.4.6 Smart-Contracts

Um Verträge zwischen Netzwerkteilnehmern digital abzubilden, zu validieren und deren Einhaltung bzw. Ausführung zu unterstützen, werden diese als Programmcodes, sogenannten Smart-Contracts oder intelligenten Verträge im Netzwerk implementiert. Entscheidend im Vergleich zu herkömmlichen Verträgen ist, dass die Smart-Contracts aufgrund des Aufbaus als Programmcodes, automatisch Vertragshandlungen erfassen, verarbeiten und die dadurch ausgelösten Folgeaktionen einleiten. Möglich ist dies durch die digitale Hinterlegung der Vertragsparameter auf

---

[53]   Vgl. Nakamoto, 2008, S. 1 f.
[54]   Vgl. Schneider, 1996, S. 58 f.

einer Blockchain oder innerhalb eines anderen Netzwerkes auf Basis der DTL.[55] Eine Besonderheit gegenüber herkömmlichen Verträgen ist, dass ein Rücktritt oder eine Anpassung der Vertragskonditionen nach Auslösung der Transaktionen nicht mehr im Rahmen des gleichen Smart-Contracts möglich ist. Dadurch wird ein neuer Smart-Contract benötigt, um die Auswirkungen des vorangegangenen zu verändern. Dies kann sowohl Nachteile hinsichtlich der Flexibilität, aber auch Sicherheitsvorteile, wie sie gerade im digitalen Austausch von enormer Bedeutung sind, bieten. Die Einbindung findet daher auch auf verschiedenen Ebenen einer Anwendung statt, um je nach Netzwerk und Zweck eine angemessene Balance aus Flexibilität und Sicherheit zu finden. Möglich ist die Implementierung direkt in das zugrunde liegende Netzwerk oder auch in einem ausgegliederten Netzwerk mit eigener Datenbasis. Gemeinsam haben die unterschiedlichen Ausführungsarten den Zweck des individuellen Vertragsmanagements zwischen einzelnen Netzwerkteilnehmern und schaffen damit die Möglichkeit auch komplexe Geschäftsbeziehungen und -prozesse digital abzubilden.[56]

3.5 Kryptographische Token

3.5.1 Definition

Kryptographische Token stellen manipulationssichere Positionen in einer auf der DTL basierenden Datenbank dar und ermöglichen die Zuordnung von Eigentumsverhältnissen der zugrunde liegenden Assets, also digitalen Vermögenswerte. Manipulationssicherheit wird dabei durch Techniken der Kryptographie, wie beispielsweise der Authentifizierung von Transaktionen durch das Public-Key Verfahren erreicht.[57] Die digitale Darstellung und das Management von Vermögenswerten in Form von Token, also der Tokenisierung, ermöglicht die Reduktion von Intermediären und die Automatisierung von Prozessen zwecks Effizienzsteigerung, sowie die Teilbarkeit von zuvor nicht teilbaren Vermögensgegenständen.[58]

---

[55] Vgl. Egloff & Turnes, 2019, S. 141.
[56] Vgl. Voshmgir, 2019, S. 89 f.
[57] Vgl. Schmiese, 2019, S. 1.
[58] Vgl. Kejriwal & Mahajan, 2017, S. 3.

3.5.2 Token Klassifizierung

Aufgrund der vielseitigen Einsatzmöglichkeiten von Token in unterschiedlichen Wirtschaftsbereichen wie den Finanzmärkten, der Informations- und Medienbranche und dem Handel, bedarf es einer Klassifizierung und Regulierung. Einzelne Länder sind dabei bislang unterschiedlich weit fortgeschritten, sodass zur Vereinheitlichung sowohl private Organisationen als auch Regierungen forschen und publizieren. Eine der forschenden privaten Organisationen ist die International Token Standardization Association (ITSA), die verschiedene Token-Arten herausgearbeitet und in einem Schaubild wie folgt dargestellt hat.[59]

Abb. 2: Arten von Kryptographischen Token
(Quelle: International Token Standardization Associaton, 2020, S. 70)

Token lassen sich zunächst anhand ihres wirtschaftlichen Zwecks definieren. Dieser kann bei Payment Token in der Verwendung als Zahlungsmittel, also in Form Kryptowährungen wie Bitcoin liegen, oder auch als Investment Token im Investitionsbereich in unterschiedlichen Ausprägungen. Am weitesten lässt sich der Zweck der Utility Token fassen, die sowohl Zugangs-, als auch Entscheidungs- oder Eigentumsrechte abbilden können. Eine weitere Klassifizierung kann sodann über die technologische Struktur als projekteigene oder davon unabhängig funktionierende Token erfolgen. Hinsichtlich der rechtlichen Ansprüche, die aus den Token abgeleitet werden können, wird eine Abgrenzung zwischen absoluten, relativen und

---

[59]   Vgl. International Token Standardization Associaton, 2020, S. 1.

keinen Rechten vorgenommen. Bitcoin als bekanntes Beispiel eines netzwerkeigenen Payment Token besitzt dahingehend keine weiteren Rechtsansprüche außerhalb seiner Funktion als Zahlungsmittel.[60] Abschließend ist noch eine Unterscheidung hinsichtlich des Wirtschaftsbereichs möglich, wobei hier neben den genannten Branchen zukünftig noch weitere Einsatzbereiche in Frage kommen.

Zur Darstellung von Immobilieneigentum, lässt sich gemäß der Übersicht von der Verwendung eines Utiltiy Token aus der Untergruppe der Ownership Token sprechen. Der Token hat folglich über einen Netzwerkzweck hinaus die Funktion, Eigentumsrechte zu repräsentieren. Im Fall der Fremdkapitalfinanzierung einer Immobilie würde es sich um einen Investment Token handeln, der auch als Security Token bezeichnet wird und in Deutschland unter das Wertpapiergesetz fällt.[61] Die technische Grundlage hierfür kann ein ERC-20 Token Standard sein, wobei ERC für Ethereum Request for Comment steht und auf der Blockchain des Ethereum-Netzwerkes basiert und von der Mehrheit aktuell auf dem Markt vertretener Anwendungen zur Tokenisierung genutzt wird.[62]

3.5.3 ERC-20 Token Standard

Der ERC-20 Standard stellt eine seit 2015 bestehende Vorlage zur Programmierung von auf der Ethereum-Blockchain funktionierenden Token als Open-Source-Code dar. Der Standard definiert welche Funktionen die Token im Rahmen von Smart-Contracts aufzuweisen haben, um im Ethereum-Netzwerk zum Zwecke des Austausches von digitalen Vermögenswerten zu funktionieren.[63] Für Entwickler bietet dieser Standard den Vorteil, dass nicht für jede Anwendung oder jedes Geschäftsmodell von Grund auf ein neues Protokoll programmiert werden muss, sondern trotz vordefinierter Grundbestandteile, die die Funktionsweise sicherstellen, Freiraum zur individuellen Gestaltung der eigenen Token besteht.

---

[60] Vgl. Chen, 2018, S. 569 f.
[61] Vgl. Bundesanstalt für Finanzdienstleistungsaufsicht, 2020, o. S.
[62] Vgl. CoinMarketCap, 2020, o. S.
[63] Vgl. Vogelsteller & Buterin, 2015, o. S.

4 Blockchain-basiertes Bruchteilseigentum

Die meisten Anbieter, die Immobilienanlagen als digitale Token darzustellen versuchen, greifen nicht bis in das Sachenrecht und verschaffen damit kein Eigentum an der Immobilie selbst. Es werden indirekte Immobilienanlagen in Form von Token angeboten und teilweise Gewinnbeteiligungen, ähnlich denen eines Eigentümers, in Aussicht gestellt.[64] Das geringe Marktangebot basiert auf regulatorischen Einschränkungen, sodass Anbieter bislang kaum tokenisierten Direktinvestitionen in Immobilienanlagen zur Verfügung stellen können.[65] Der Anbieter RealT nähert sich mit seiner angebotenen Lösung der Abbildung weitrechender Eigentumsrechte an der Immobilie an, ist jedoch noch auf den amerikanischen Wirtschaftsraum beschränkt. Die Einhaltung der gesetzlichen Einschränkungen wird dabei durch Rückgriff auf die Ausgestaltung des Immobilieneigentümers als juristische Person sichergestellt.[66]

Nachdem zuvor die beiden Themenbereiche des Bruchteilseigentums an Immobilienanlagen und die DTL in Form der Blockchain in ihren Grundzügen betrachtet wurden, sollen nachfolgend die beiden möglichen Arten der Finanzierung betrachtet werden. Es handelt sich dabei um die direkte und indirekte Immobilienanlage, die im Detail hinsichtlich der Vor- und Nachteile untersucht und mit je einem Praxisbeispiel veranschaulicht werden.

4.1 Bruchteilseigentum durch indirekte Immobilienanlage

4.1.1 Definition

Bruchteilseigentum durch indirekte Immobilienanlage bezieht sich an dieser Stelle auf die Bereitstellung von Fremdkapital auf Basis der DLT an Immobilien, wie sie aktuell auf den Plattformen von Anbietern wie Finexity[67] oder Blackmanta Capital[68] angeboten werden. Es handelt sich dabei nicht um ein formreines Bruchteilseigentum, wie es in Kapitel 2.1.1 definiert wurde. Jedoch wird diese Form aktuell auf dem Markt als eigentumsähnliche Immobilienanlage dargestellt und angeboten, sodass aufgrund weniger Anbieter formreiner Anlagen als Bruchteilseigentum,

---

64 Vgl. Finexity, 2019b, S. 6.
65 Vgl. Wagenknecht, 2020, o. S.
66 Vgl. RealT AG, 2019a, o. S.
67 Vgl. Finexity, 2019b, S. 6.
68 Vgl. Blackmanta Capital, 2020, S. 1 f.

auch diese Art genauer betrachtet wird. Unter indirekte Anlagen fallen auch Darlehen und Anleihen, wobei Darlehen im Vergleich zu Anleihen auf diesem Markt unter Kapitel 2.2.2 bereits als Crowdinvestmentmarkt für Immobilien definiert wurden und mit einem dreiviertel des gesamten Anlagevolumens für Crowdinvestments im Jahr 2018 in Deutschland deutlich überwiegen. Bei den Darlehen handelte es sich zu Beginn der Entwicklung des Marktes vorwiegend um Nachrangdarlehen, wobei sich ab dem Jahr 2018 vermehrt die Ausgabe als Bankdarlehen feststellen lässt.[69]

4.1.2 Vorteile

Zu den Vorteilen zählt zunächst die Größentransformation des Anlageguts, durch die Anleger bereits mit geringen Kapitalbeträgen eine Investition in Immobilien tätigen können. Die ansonsten für Immobilien typischerweise großen Finanzierungsvolumen lassen sich mithilfe der digitalen Verbriefung in Form von Token in Bruchteilen der üblichen Beträge auf Vermittlungsplattformen handeln. Weiterhin wird der Verwaltungsaufwand durch die Automatisierung reduziert und die Sammlung von Kleinbeträgen rentabel möglich.[70] Hinzu kommt die Möglichkeit zur Investitionsdiversifikation aufgrund des geringeren Kapitalbedarfes für den Einstieg in eine indirekte Immobilieninvestition. Dieser Vorteil ist insbesondere für Kleinanleger wichtig, um das Anlageportfolio, trotz des Immobilieninvestments, zu diversifizieren und damit das Ausfallrisiko zu reduzieren.[71] Zusätzlich schafft die jederzeit zugängliche digitale Investitionsplattform der Anbieter Markttransparenz durch die Möglichkeit des ständigen Zugriffs auf die der Investition zugrunde liegenden Informationen. Die Unterlagen wie Exposés, Gutachten und Cash-Flow Rechnungen zu den einzelnen Immobilien erlauben den Anlegern damit eine fundierte Entscheidung zur Auswahl der Objekte und das fortlaufende Management seiner Beteiligungen.[72] Dies verbessert auch die Liquidierbarkeit durch die Schaffung eines Sekundärmarktes für tokenisierte Immobilieninvestitionen auf den Plattformen der Finanzierungsvermittler. Anteile lassen sich auf diesem Wege kurzfristig und ohne weitere Genehmigungsverfahren beziehungsweise Verwaltungsakte, wie sie beim Direkterwerb von Immobilien üblich sind, wieder

---

[69] Vgl. Helmrich & u.a., 2019, S. 13.
[70] Vgl. Blackmanta Capital, 2020, o. S.
[71] Vgl. Rehkugler, 2009, S. 8.
[72] Vgl. Finexity, 2020a, o. S.

liquidieren. Eine für Immobilien lange Kapitalbindungsdauer und der bei Bedarf der kurzfristigen Veräußerung entstehende Preisabschlag, lassen sich dadurch reduzieren.[73] Ein ansonsten illiquides Anlagegut wird auf diese Art liquide und ist im Hinblick auf volkswirtschaftlicher Liquiditätskrisen, ohne die üblichen Preisabschläge wieder zu veräußern. Dies hat auch Auswirkungen auf den Verwaltungsaufwand der Immobilien, der durch spezialisierte Dienstleister im Auftrag der Vermittler übernommen wird. Die Kosten hierfür werden direkt vom Emittenten des Tokens von den Einnahmen der Immobilie abgezogen.[74] Anleger müssen folglich auch nicht mehr selbst umfangreiche Fachkenntnis im Zusammenhang mit Immobilien besitzen, um darin investieren zu können, da externe Dienstleister das operative Geschäft zur Erzielung der Mieterträge ausführen. Die Investitionsentscheidung bedarf daher nur eines Grundverständnis für das Anlagegut und ansonsten der Entscheidungsfindung auf Basis renditerelevanter Kennzahlen, die durch Plattformbetreiber zur Verfügung gestellt werden.[75] Zudem ist in den meisten Projektfinanzierungen der Verkauf der Immobilien zu einem späteren Zeitpunkt eingeplant, sodass der Anleger durch die Beteiligung am Verkaufserlös auch von der allgemeinen Wertsteigerung der zugrunde liegenden Immobilie profitiert.[76] Die Vorteile stellen jedoch gleichzeitig auch Nachteile dar, je nachdem welches Anlageprofil vorliegt. Professionelle Anleger im Sinne von Institutionen und Unternehmen, mit ausreichend Anlage- und Fachkenntnissen zum Produkt, weisen oftmals ein im Vergleich zum Kleinanleger höheres Risikoprofil und Anlagevolumen auf.[77] Vorteile wie die Möglichkeit zur Größentransformation und Investitionsdiversifikation treffen aufgrund größerer zur Verfügung stehender Anlagegelder daher nur bedingt zu. Die Reduzierung von Markteintrittsbarrieren und die Auslagerung von Verwaltungstätigkeit, die zur Minderung der Rendite führen kann, sind für professionelle Anleger nachteilig zu werten.

4.1.3 Nachteile

Nachdem zuvor bereits kurz auf die sich aus den Vorteilen für die professionellen Anleger ergebenden Nachteile hingewiesen wurde, lässt sich dies auch auf die Kleinanleger in Teilen übertragen. Nachteile ergeben sich daher gleichzeitig mit

---

73 Vgl. Blackmanta Capital, 2020, o. S.
74 Vgl. Rehkugler, 2009, S. 9.
75 Vgl. Finexity, 2020a, o. S.
76 Vgl. Finexity, 2020a, o. S.
77 Vgl. § 67 (2) WpHG.

den Vorteilen aus der Verwaltung einer Immobilie. Durch die Beauftragung von Dienstleistern mit der Verwaltung und dem Management der Finanzierungsverträge, werden Effizienzvorteile durch die technische Automatisierung in Teilen aufgehoben. Die tatsächliche Erzielung der geplanten Rendite hängt dabei stark vom jeweiligen Anbieter und dem einzelnen Projekt ab.[78] Aufgrund seiner rechtlichen Stellung als Fremdkapitalgeber bestehen zudem für den Anleger im Verlauf des Investments kaum Möglichkeiten Einfluss auf das operative Geschäft im Zusammenhang mit der Verwaltung der Immobilie zu nehmen.[79] Dies führt wiederum zu einer asymmetrischen Informationsverteilung zwischen Anleger und Anbieter des Investitionsvehikels. Der Anbieter kann außerdem direkten Einfluss auf weitere externe Dienstleister nehmen und damit den Erfolg der Investition maßgeblich beeinflussen. Hier besteht ein Risiko im Sinne des Prinzipal-Agent-Dilemmas, bei welchem dem Agenten, in Form des Plattformbetreibers, opportunistisches Verhalten zu seinem Vorteil unterstellt werden kann.[80] Hinzu kommt die Finanzmarktabhängigkeit der indirekten Beteiligung an der Immobilie, da die Rendite von der allgemeinen Zinsentwicklung auf dem Geld- und Finanzmarktes beeinflusst wird. Dies steht wiederum in Verbindung mit der Finanzierungsstruktur, welche eine Ausstattung der Projekte mit zusätzlichen Bankdarlehen in vergleichbarer Höhe wie die der Anlegergelder vorsieht. Falls die Zinskonditionen dieser Bankdarlehen nicht ausreichend gegen zukünftige Marktentwicklungen abgesichert sind, hat dies einen starken Einfluss auf den Wert der Anlage und birgt ein Risiko im Falle der beabsichtigten Liquidierung auf dem Zweitmarkt.[81] Im schlimmsten Fall droht aufgrund der rechtlichen Stellung des Anlegers ein hohes Ausfallrisiko. Ursächlich hierfür ist die Tatsache, dass es sich bei einer solchen Investitionsform um eine indirekte Beteiligung in Form eines schuldrechtlichen Vertrages handelt und dieser sich auf einzelne Objekte bezieht. Das Risiko für den Kleinanleger einen Totalverlust seines Kapitals zu erleiden ist im Vergleich zu diversifizierten Fonds oder dem Direkterwerb deutlich höher. Sollte das finanzierte Projekt scheitern, werden Anleger in den meisten Fällen erst nach der an erster Stelle im Grundbuch stehenden Bank ausgezahlt.[82] Die Nachteile sind im Verhältnis zu den Vorteilen daher durch den Anleger, in Bezug auf die Investitionsziele Rentabilität, Sicherheit und

---

[78] Vgl. Rehkugler, 2009, S. 9.
[79] Vgl. Rehkugler, 2009, S. 9.
[80] Vgl. Gondring & Lammel, 2001, S. 38.
[81] Vgl. Blackmanta Capital, 2020, S. 2.
[82] Vgl. Dietrich, 2005, S. 230 f.

Liquidität, immer im Einzelfall unter Berücksichtigung seines Anlageprofils abzu-
wägen.[83] Im Allgemeinen lässt sich festhalten, dass diese Art der Investition eher
für Kleinanleger, als institutionelle Anleger mit ausreichend Anlagekenntnissen
und hohem Investitionsvolumen, von Vorteil ist. Eine hierzu geeignete Anlagemög-
lichkeit wird im folgenden Kapitel daher genauer betrachtet.

4.1.4 Praxisbeispiel

Beispielhaft wird ein aktuelles, auf der Plattform Finexity angebotenes, Immobili-
enprojekt dargestellt, um ein Verständnis für den Stand des Marktes für die zuvor
untersuchte indirekte Immobilienanlage zu erhalten.[84]

Angeboten wird das Produkt „FINEXITY Jenfelder Au 2019 Schuldverschreibung"
mit eigener Wertpapierkennung, unter der Aufsicht der Bundesanstalt für Finanzdienstleistungsaufsicht (BaFin), als unverbriefte, qualifiziert nachrangige tokenisierte Schuldverschreibung. Als Ziel der Schuldverschreibung ist der Erwerb qualifiziert nachrangiger und erfolgsabhängiger Ansprüche aus Kapitalrückzahlung,
Zinszahlung und Beteiligung an etwaigen Immobilienveräußerungsgewinnen angegeben. Die Ansprüche der Anleger werden durch die finanziellen Mittel aus Ver-
mietungs- und Veräußerungsgeschäften bedient. Diese vereinnahmt zunächst der
Emittenten und nimmt die Verteilung entsprechend der Anteile vor, wobei keine
Verlustbeteiligung für den Anleger vorgesehen ist. Der Kleinanleger wird explizit
als Zielgruppe angesprochen und die Absicht der Bildung von Privatvermögen an-
genommen, wobei Finanzproduktkenntnisse unterstellt werden und auf das Risiko
des Totalverlustes des Anlagekapitals hingewiesen wird. Die Laufzeit der Schuldverschreibung beginnt am 01.01.2020 und endet entweder mit der vollständigen
Veräußerung der dem Schuldschein zugrunde liegenden Immobilie, ohne jegliche
Pflicht zur Abgabe einer Auflösungserklärung durch den Emittenten oder bei Ver-
tragskündigung durch den Anleger. Da die Kündigung jedoch erst zum Ablauf des
15. Kalenderjahres nach Laufzeitbeginn möglich ist, besteht eine Auslegung des
Schuldscheins faktisch auf 15 Jahre. Auf einer unternehmenseigenen Risikoindika-
tor-Skala, mit einem Wertebereich von eins bis sieben, wobei die Risikosteigerung
mit der Wertsteigerung einhergeht, wird das Produkt mit dem zweithöchsten
Wert angegeben und erneut auf das Risiko des teilweisen oder totalen Verlusts der
Anlagegelder hingewiesen. Die im Basisinformationsblatt dargestellten

---

[83] Vgl. Wellner, 2002, S. 3.
[84] Vgl. Finexity, 2020a, o. S.

Performance-Szenarien zeigen die prognostizierte Renditeentwicklung im Detail auf und gehen lediglich im Falle einer durchschnittlichen und optimistischen zukünftigen Marktentwicklung von positiven Renditen aus. Sollte der Markt sich negativ entwickeln, erfolgt keine Auszahlung von Geldern an die Anleger. Je nach beispielhaft angenommener Haltedauer der Anlage, bewegt sich diese in einer Spanne von 3,70 % bis 8,63 %, wodurch der spekulative Charakter der Vermögensanlage deutlich wird. [85]

Die technische Grundlage zur Ausgabe der unverbrieften Schuldverschreibungen wird in den Schuldverschreibungsbedingungen[86] genauer erläutert. Es handelt sich dabei um den Jenfelder Au Token (JAU) im ERC-20 Standard, der mit einem Smart-Contract auf der Finexity Blockchain, der sogenannten FinX Blockchain, repräsentiert wird. Bei der FinX Blockchain handelt es sich um eine private Blockchain, die als zusätzliche Instanz auf dem Ethereum-Protokoll aufbaut und damit auch die diesem Protokoll zugrunde liegenden technischen Standards, wie dem des Public-Key Verfahrens zum Zwecke des Nachweises des Eigentums an dem Token, nutzt. Zukünftige Änderungen des Nachweissystems behält der Emittent sich in den Vertragsbedingungen, beispielsweise zu Gunsten einer Protokolländerung oder auch der konventionellen Verbriefung, vor. Eine Veräußerung der Token ist den Anlegern nur unter der Voraussetzung der vollständigen Übernahme der Vertragsgrundlage durch den Erwerber und der Zustimmung des Emittenten gestattet, wobei diese gemäß Schuldverschreibungsbedingungen bei Erbringung der notwendigen Identitätsnachweise durch den Erwerber als vorbehaltslos erteilt gilt. Sollte einem Anleger der Zugang zu seinen Token durch Verlust seines Private-Key nicht mehr möglich sein, kann dieser durch einen anderweitigen Nachweis des Besitzes von dem Emittenten die Wiederherstellung verlangen. Dabei unterscheidet sich diese private und zentral betriebene Blockchain von einer öffentlichen Blockchain ohne zentrale Kontrollinstanz. Weiterhin ist in den Schuldverschreibungsbedingungen festgehalten, dass Anlegern 94,9 % des sogenannten Mietverwaltungsüberschusses als Zins zusteht. Dabei handelt es sich um die jährlichen Nettokaltmieten abzüglich der im Zusammenhang mit der Immobilie entstehenden Kosten. Diese bestehen aus Verwaltungskosten, den Geschäftsführungs- und Haftungsvergütungen für den geschäftsführenden Gesellschafter des Emittenten, Instandhaltungskosten und den Zins- und Tilgungszahlungen an die ebenfalls an der

---

[85] Vgl. Finexity, 2020a, o. S.
[86] Vgl. Finexity, 2019, S. 1 ff.

Finanzierung beteiligte Bank. Abschließend wird noch die Beteiligung am Veräußerungsgewinn geregelt, wobei auch hier etwaige Kosten wie Vorfälligkeitsentschädigungen an die finanzierende Bank und Kaufnebenkosten wie Steuern oder externe Dienstleistungen vom an die Anleger auszuschüttenden Gewinn abzuziehen sind.[87] Es handelt sich hierbei um ein Beispiel der derzeitig auf dem Markt angebotenen Anlagelösungen für die indirekte Beteiligung an Immobilienanlagen. Weitere Anbieter, wie beispielsweise die Exporo AG, bieten ähnliche Produkte an und der Markt hierfür befindet sich grundsätzlich in einer ständigen Entwicklungsphase neuer Produktvariationen.[88]

4.2 Bruchteilseigentum durch direkte Immobilienanlage

4.2.1 Definition

Bruchteilseigentum durch direkte Immobilienanlage bezieht sich an dieser Stelle auf die Bereitstellung von Eigenkapital auf Basis der DLT an Immobilien, wie sie aktuell nur im amerikanischen Raum von wenigen Anbietern ermöglicht wird. Es handelt sich dabei zwar ebenfalls nicht um formreines Bruchteilseigentum per gesetzlicher Definition im deutschen Rechtsraum, wie es unter Kapitel 2.2 dargelegt wurde, jedoch entspricht es der sachenrechtlichen Eigentümereigenschaft zum aktuellen Zeitpunkt am ehesten. Die Anlageform ähnelt dabei den auch in Deutschland angewandten Share Deals. Die Eigentumsübertragung an Immobilien erfolgt dabei auf dem Wege des Eigentumserwerbs an Gesellschaften, die die Immobilie in ihrem Anlegevermögen halten. Diese Erwerbsform wird von Unternehmen primär zum Zweck der Einsparung der Grunderwerbssteuer genutzt, wobei die steuerliche Erleichterung vom Gesetzgeber ursprünglich im Rahmen von Unternehmensübertragungen auf Nachfolgegenerationen konzipiert wurden.[89] Es handelt sich daher um eine Annäherung an die Schaffung einer Möglichkeit zur Erlangung von Bruchteilseigentum mithilfe der DLT. Ohne den Umweg über eine Gesellschaft lässt sich eine Direktinvestition unter Verwendung der DLT bislang in der Praxis noch nicht abbilden. Nachfolgend soll daher auf die Vor- und Nachteile eingegangen, sowie ein Praxisbeispiel untersucht werden.

---

[87] Vgl. Finexity, 2020b, S. 5 f.
[88] Vgl. Exporo, 2020, o. S.
[89] Vgl. Hentze & Voigtländer, 2017, S. 4.

4.2.2 Vorteile

Die bereits unter Kapitel 4.1.2 aufgeführten Vorteile hinsichtlich Größentransfor-mation der Anlagebeträge, der Investitionsdiversifikation des Gesamtportfolios, die umfangreiche Markttransparenz, sowie die kurzfristige Liquidierbarkeit und die Beteiligung an der allgemeinen Wertsteigerung der Immobilie, treffen auch auf die Direktinvestition zu und werden noch durch weitere Vorteile ergänzt. Hier lässt sich beispielsweise der Eigentumscharakter der Anlage anführen, denn bei dieser Form investiert der Anleger direkt in eine Immobilie und partizipiert nicht mehr nur indirekt über eine Schuldverschreibung an den Zinserträgen aus dem Anlage-gut. Der Anleger wird als Eigentümer bzw. Bruchteilseigentümer, auf dem rechtli-chen Umweg der Partizipation an einer juristischen Person, in das Grundbuch ein-getragen und ersteht dadurch auch einen ideellen Anteil an der Immobilie und vor allem am Grundbesitz. Zudem stellen beim Immobilienkauf die damit verbundenen hohen Kaufnebenkosten von mehr als 10 % des Nettokaufpreises, einen enormen Kostenfaktor und damit eine Hürde auf dem Weg von Kleinanlegern hin zum Im-mobilieneigentum dar.[90] Aufgrund der Beteiligung an der Gesellschaft, die die Im-mobilie, wie bei Share Deals üblich, im Anlagevermögen hält, können die Kaufne-benkosten umgangen werden. Da Share Deals nur für große Immobilientransakti-onen durch Unternehmen nutzbar sind, um die Belastung durch die Grundsteuer bei Direktübertragungen zu umgehen, können Kleinanleger darauf nicht zurück-greifen.[91] Mit der Ermöglichung des digitalen Handels von tokenisierten Anteilen an Immobilien- und Grundstücksgesellschaften durch die DTL, lässt sich die auf der steuerlichen Belastung basierende Markteinstiegsbarriere für Kleinanleger redu-zieren. Damit wird ein großer Schritt zur Liberalisierung des Immobilienmarktes auf steuerlicher Basis ermöglicht. Durch die technische Automatisierung des Transaktionsprozesses und die damit einhergehende Effizienzsteigerung, besteht zudem ein enormes Kostensenkungspotential hinsichtlich der gesamten Kaufne-benkosten, wodurch die Einstiegsbarrieren in den Immobilienmarkt weiter ge-senkt werden können.[92]

---

[90] Vgl. Gromer, 2012, S. 23.
[91] Vgl. Schäfer, 2017, S. 11.
[92] Vgl. McMurren, 2018, S. 4.

Aufgrund dieser Vorteile wird deutlich, dass die Ermöglichung direkter Immobilienanlagen mithilfe der DLT insbesondere für Kleinanleger zur Erlangung von Immobilien- und Grundbesitz von enormer Bedeutung ist. Die sich daraus auf der anderen Seite ergebenden Nachteile sollen im Folgenden zur Ermöglichung einer Gesamtbeurteilung ebenfalls genauer untersucht werden.

4.2.3 Nachteile

Die in Kapitel 3.1.3 genannten Nachteile hinsichtlich der Beeinträchtigung der Rendite durch zusätzliche Verwaltungs- und Managementkosten, die geringen Einflussmöglichkeiten auf die Entwicklung der Immobilie und die Informationsasymmetrie zwischen den Parteien, treffen auch auf die direkte Anlageform zu. Dies beruht auf der ebenfalls stattfindenden Auslagerung der mit der Immobilie zusammenhängenden operativen Geschäftstätigkeit.[93] Die Nachteile durch Preisvolatilität und Ausfallrisiko sind wiederum in einer schwächeren Ausprägung vorhanden, da keine unmittelbare Abhängigkeit zum Finanz- und Geldmarkt besteht und die Anlagegelder nicht nachrangig zu anderen Gläubigerforderungen gestellt sind. Hintergrund ist, dass es sich um eine Beteiligung an der Gesellschaft handelt, welche die Immobilie besitzt, sodass die Anlagegelder Eigenkapital der Gesellschaft darstellen und keine Fremdfinanzierung, die zur Absicherung auf einen möglichst hohen Gläubigerrang angewiesen ist.[94] Anders gelagerte Nachteile bestehen jedoch beispielsweise hinsichtlich der Marktakzeptanz einer neuen Anlageform. Aufgrund der Anwendung einer neuartigen und komplexen Technologie in Form der DTL, auf der diese Form der Immobilienanlage aufbaut, herrscht aktuell nur eine geringe Marktakzeptanz. Die fehlenden Kenntnisse der zugrunde liegenden Technik, in Verbindung mit der finanziellen Tragweite einer derartigen Investition, hält viele Anleger noch von der Nutzung ab. Es bedarf daher zunächst der Entwicklung eines Verständnisses für die Vorteile, um eine Marktetablierung herbeizuführen.[95] Die noch unzureichende Marktakzeptanz und damit einhergehenden Zurückhaltung sowohl auf Nachfrager-, als auch auf Anbieterseite, diese Form der Immobilieninvestition beziehungsweise -finanzierung zu nutzen, führt derzeitig noch zu Defiziten hinsichtlich der Transparenz und der Vergleichbarkeit von Angeboten auf einem Markt mit unzureichenden Teilnehmern. Abhängig ist dies von der durch die

---

93 Vgl. Finexity, 2020a, o. S.
94 Vgl. Hellerforth, 2008, S. 66.
95 Vgl. Vornholz, 2014, S. 53.

potentiellen Marktteilnehmer wahrgenommenen Nützlichkeit und Benutzer-
freundlichkeit der Technologie, wie auch das Technologieakzeptanzmodell (TAM)
nach Davis für die Einführung neuer Technologien nahelegt.[96] Die Akzeptanz der
Nutzer einer neuen Technologie beruht entsprechend des Modells auf dem subjektiv wahrgenommenen Nutzen der durch eine Technologie gestiftet wird, in Relation
zu dem subjektiv empfundenen Aufwand zur Erlernung des Umgangs mit der Technologie.[97] Um die Akzeptanz zu fördern bedarf es der daher der Entwicklung von
verständlichen und komfortablen Praxisanwendungen auf Basis der Technologie.
Insgesamt erfordern die dargelegten Nachteile noch viel Aufwand im Bereich der
Forschung und Bildung, sowie im Sinne der öffentlichen Meinungsbildung, damit
Anwendungslösungen durch die Marktteilnehmer akzeptiert werden.[98] Das nachfolgend dargestellt Praxisbeispiel nimmt somit eine Vorreiterrolle auf dem
Weg der weiteren Entwicklung zur Ermöglichung direkter Immobilienanleger mithilfe der DLT ein und trägt damit aktiv zur Reduzierung der zuvor genannten Nach-
teile bei.

4.2.4 Praxisbeispiel

Als Praxisbeispiel für die direkte Immobilien, wenn auch über den Umweg einer
Gesellschaftsbeteiligung, wird ein auf der Plattform RealT angebotene Immobilienanlage betrachtet. Dieses Beispiel verdeutlicht den aktuellen Entwicklungsstand
des Marktes und die konzeptionelle Ausgestaltung der Anlageform.[99]

Angeboten wird das Produkt „Series #3-16200 Fullerton interests deliverable in
the form of cryptographic digital tokens", bei dem es sich um Firmenanteile an einer sogenannten Series Limited Liability Company (SLLC) nach US-amerikani-
schem Recht handelt.[100] Gemeint ist damit eine rechtlich von der die Series grün-
denden Limited Liability Company (LLC) unabhängige Gesellschaft.[101] Diese Ge-
sellschaftsform wird im amerikanischen Rechtsraum zur Durchführung von Immo-
biliengeschäften genutzt, um die Haftung auf das Firmenvermögen zu beschrän-
ken, jedoch Managementkosten durch Rückgriff auf eine übergeordnete Instanz zu

---

[96] Vgl. Davis, 1985, S. 2.
[97] Vgl. Davis, 1985, S. 3.
[98] Vgl. Wagenknecht, 2020, S. 1.
[99] Vgl. RealT AG, 2019b, o. S.
[100] Vgl. RealT AG, 2019c, S. 2.
[101] Vgl. Legislative Council General Assembly State of Delaware, 2020, S. 243.

reduzieren. Dabei wird, ähnlich wie im vorliegenden Fall der RealToken LLC, je Objekt eine SLLC von der übergeordneten LLC gegründet, wobei die Series haftungstechnisch unabhängig betrachtet werden.[102] Insgesamt werden 3.800 Anteile an der Series zu einem Gesamtbetrag von $ 615.000,00 in Form von im ERC-20 Standard programmierten Token mit der Identifizierungsbezeichnung Real Token-18483-Mansfield-St-Detroit-Mi und einem Eröffnungskurs von $ 161,84 ausgegeben.[103] Der Mindestbetrag des Investments beträgt $ 1.618,40, also zehn Token zum Eröffnungskurs für Anleger mit Wohnsitz in Vereinigten Staaten und alle übrigen Anleger bei einem Token zum Eröffnungskurs. Die über die Plattform erworbenen Token werden an die bereits im Kapitel 3.4.1 erwähnte digitale Geldbörse, der Wallet, versandt, wodurch der Anleger die Verfügungsgewalt über den Vermögenswert erhält und an welche auch mit der Immobilie verbundene zukünftige Erträge ausgezahlt werden. Die Veräußerung der Token über die eigene Plattform des Emittenten oder auf dem Zweitmarkt ist ab Ablauf der Mindesthaltedauer von einem Jahr möglich.[104] Der Gesamtbetrag aus dem Verkauf der Token wird zu 89,43 % zum Erwerb der Immobilie, zu 10 % zur Deckung der Plattform-Platzierungsgebühr und zu 0,57 % für die anfängliche Bildung einer Instandhaltungsrückstellung verwendet. Weiter werden laufende Kosten für die Immobilienverwaltung in Höhe von 8 % der durchschnittlichen Jahreseinnahmen aus der Vermietung, sowie eine Managementgebühr in Höhe von 2 % der Jahreseinnahmen für die Administration der Gesellschaft über die Plattform aufgeführt.

Bei der zugrunde liegenden Immobilie handelt es um ein 2019 renoviertes und bereits vermietetes Wohngebäude mit 1.337,00 m² Grundstücksfläche in Detroit in den Vereinigten Staaten. Auf der Einnahmenseite stehen erwartete Mieteinnahmen von $ 99.600, also einer Rendite von 12,76 % pro Jahr, sodass sich pro Token Mieteinnahmen von jährlich $ 20,65 ergeben. Neben dem Recht zur Gewinnbeteiligung wird jedem Token ein Stimmrecht zuerkannt, wobei dieses auf Entscheidungsfragen in Bezug auf die mit der die Immobilie haltenden Series begrenzt ist und durch die Geschäftsführung der übergeordneten LLC festgelegt werden. Vergleichbar wäre dies in Grundzügen mit einer Aktionärsversammlung für Aktieninhaber eines Unternehmens.

---

[102] Vgl. Grob & Hannawa, 2008, S. 1.
[103] Vgl. RealT AG, 2019c, S. 3.
[104] Vgl. RealT AG, 2019c, S. 5.

Hinsichtlich der mit dem Investment verbundenen Risiken wird ausdrücklich auf den hoch spekulativen Charakter der Anlage und das Risiko des Totalverlustes der Anlagegelder in einem mehrseitigen Abschnitt hingewiesen. Auch das Risiko der ungewissen weiteren Entwicklung des Zweitmarktes zur Veräußerung der Token wird detailliert aufgeführt und zu einer individuellen juristischen und steuerlichen Prüfung der Investition geraten. Weiterhin werden fehlende statistische Grundlagen und Finanzdaten zu diesem Anlageinstrument, die Risiken von derartigen Start-Ups, die unsichere Entwicklung der Marktakzeptanz des Geschäftsmodells und die sich eventuell aus den Gesellschaftsstrukturen der einzelnen Series, in Verbindung zur übergeordneten LLC ergebenden Risiken, ausführlich offengelegt. RealT als Plattformbetreiber und Emittent der Token kommuniziert daher selbst offen die zum aktuellen Zeitpunkt ungewissen Aussichten des eigenen Geschäftsmodells und bringt die Risiken zur Sprache, die mit der zugrunde liegenden Technologie und dem darauf aufbauenden Geschäftsmodell verbunden sein können.[105]

Das dargestellte Anlageprodukt der RealT AG stellt nur ein Beispiel zur Ermöglichung einer sich an die direkte Immobilienanlage annähernde Investitionsform dar. Hinzu kommt, dass der Markt auf den US-amerikanischen Wirtschaftsraum begrenzt ist und ein vergleichbares Äquivalent auf dem deutschen oder europäischen Markt, aufgrund gesetzlicher Grenzen, noch nicht besteht. Es stellt dennoch ein in der Praxis umsetzbares und vor allem durch Anleger auch bereits genutztes Modell dar, wodurch es eine besondere Rolle im Rahmen der weiteren Entwicklung der DTL einnimmt und erstmals eine Daten- und Forschungsbasis liefern kann. Diese Daten können in der Zukunft zu wissenschaftliche Untersuchungen und Prognosen genutzt werden und dabei helfen bestehende Grenzen kontinuierlich abzubauen. Auf die derzeitig bekannten Grenzen der Realisierbarkeit, einer auf der DLT aufbauenden Form von Bruchteilseigentum an Immobilienanlagen, soll daher im folgenden Abschnitt noch einmal genauer eingegangen werden.

4.3 Grenzen der Realisierbarkeit

Nachdem zuvor der Nutzen der beiden bislang am Markt vertretenen Formen des Bruchteilseigentums mithilfe der DLT aufgezeigt wurde und es aktuell kein Praxisbeispiel zur Erlangung von formreinem Bruchteilseigentum an Immobilien im Sinne des deutschen Rechts gibt, sollen nachfolgend die Grenzen auf dem Weg zur

---

[105] Vgl. RealT AG, 2019a, S. 4.

Realisierbarkeit betrachtet werden. Neben den bestehenden strukturellen und gesetzlichen Grenzen liegt eine weitere große Hürde in der Akzeptanz durch die Marktakteure, um die Technologie erfolgreich in der Immobilienwirtschaft einzuführen. Wie bei jeder neuen Technologie bedarf es zunächst der Bekanntheit über einen kleinen Expertenkreise hinaus und darauf aufbauend des Vertrauens und der Akzeptanz durch die Massen, um tatsächlichen Nutzen zu erbringen. Betrachtet werden im Folgenden die spezifisch für den Einsatz auf dem Immobilienmarkt bestehenden Grenzen.

4.3.1 Formerfordernis Immobilienkaufvertrag

Das deutsche Recht sieht im Rahmen der Eigentumsübertragung von Immobilien Maßnahmen zum Schutz der Vertragspartner vor, die eine Sicherheitsfunktion erfüllen, jedoch eine ausschließlich auf digitalem Wege erfolgende Transaktionsabwicklung zum jetzigen Zeitpunkt verhindern. Aufgrund der Formerfordernis ist in § 311 b des BGB eine notarielle Beurkundung des Kaufvertrages vorgesehen. Um eine auf digitalem Wege abgewickelte Transaktion von Immobilien zu ermöglichen, bedarf es der Einbindung einer Behörde oder einer mit öffentlichem Glauben ausgestatteten Person in den Prozess, um den Vertrag aufzusetzen und die Unterzeichnung zu beglaubigen. Dementsprechend ist ein digitaler Identitätsnachweis für jeden Bürger erforderlich, damit dieser sich im Rahmen der Abgabe von elektronischen Signaturen im digitalen Bereich ausweisen kann und das persönliche Erscheinen unter Vorlage eines zugelassenen Ausweisdokumentes bei einem Notar nicht mehr zwingend erforderlich ist. Im Bereich des deutschen Gesellschaftsrechtes gibt es bereits Entwürfe zur Digitalisierung von notariellen Beurkundungen[106] und im Zusammenhang mit der diesjährigen Corona-Pandemie wird zudem vom Immobilienverband Deutschland und der Immobilienplattform Immowelt eine Online-Petition an das Bundesministerium des Inneren und der Justiz mit der Forderung nach einem digitalen Notarvertrag gerichtet.[107]

Im internationalen Vergleich ist Estland als Vorreiter im Bereich der Digitalisierung von Bürgerdiensten beispielhaft zu nennen, da in diesem Land sowohl Lösungen zur digitalen Identität, als auch für das digitale Firmenregister bestehen und Blockchain-Lösungen für die technologische Strukturierung der digitalen Behörde und

---

[106] Vgl. Bundesrat, 2019, o. S.
[107] Vgl. IVD; Immowelt, 2020, o. S.

des Gesundheitssystems genutzt werden.[108] In Deutschland stellt die Formerfordernis daher aktuell noch eine Grenze dar, jedoch machen die aktuellen Schritte in Richtung Digitalisierung auf internationaler, aber auch auf nationaler Ebene, eine zukünftige Aufhebung wahrscheinlich.

4.3.2 Technologische Infrastruktur

Um eine dezentrale Infrastruktur zur Verwaltung von Eigentum bzw. Anteilen an Immobilien und dem damit verbundenen Grundbesitz zu schaffen, bedarf es weiterer Digitalisierungsschritte staatlicher Institutionen und Register, wie es im vorangegangenen Kapitel bereits kurz aufgezeigt wurde. Durch das Engagement von Behörden oder anderer mit öffentlichem Glauben ausgestattete Stellen, wie Notaren, wäre die Schaffung einer auf der DLT basierenden öffentlichen Infrastruktur zu erreichen, die wiederum die Grundlage und Voraussetzung für darauf aufbauende privatrechtliche Systeme bilden kann. Dabei könnte auf die bereits durch die Digitalisierung von Grundbüchern bestehende Daten zurückgegriffen werden, die im internationalen Vergleich jedoch unterschiedlich weit fortgeschritten ist. Für Deutschland lässt sich über das Justizportal des Bundes und der Länder bereits online eine Grundbucheinsicht vornehmen, wobei jedes Bundesland noch seine eigene Plattform dazu verwaltet und zur Verfügung stellt.[109] Schweden nimmt diesbezüglich eine Vorreiterrolle ein, indem bereits im Jahr 2018 eine Fallstudie zur Strukturierung des Grundbuches mithilfe einer Blockchain durchgeführt wurde.[110] Durch die mit einer Blockchain verbundene Sicherheit im Umgang mit digitalen Registern und umfangreichen Möglichkeiten zur Datenspeicherung, beispielsweise auch von Kaufverträgen, ist eine Verringerung des Bürokratieaufwandes möglich und Verträge lassen sich durch digitale Notardienste direkt mit dem Grundbuch verbinden. Sobald die technologische Infrastruktur soweit fortgeschritten ist, dass sich der gesamte Transaktionsprozess digital abwickeln lässt, besteht auch für Anbieter und Nachfrager die Möglichkeit über eine dezentral organisierte und anbieterunabhängige Plattform Immobilien untereinander mit minimaler Einbindung von Intermediären ohne Medienumbrüche rein digital zu handeln.

---

[108] Vgl. Enterprise Estonia, 2020, o. S.
[109] Vgl. Land Nordrhein-Westfalen vertreten durch das Ministerium der Justiz, 2020, o. S.
[110] Vgl. McMurren, 2018, o. S.

Die Plattform auf Basis der DLT könnte beispielsweise durch Notare oder auch einen Notarverband betrieben werden, die dezentral auf ein solches Netzwerk zugreifen und damit eine vertrauenswürde Datenbasis in Zusammenarbeit mit staatlichen Institutionen schaffen.

4.3.3 Rechtsform Bruchteilseigentum

Nach deutschem Recht sind die Formen des Eigentums an Sachen begrenzt und in Alleineigentum, Bruchteilseigentum und Gesamthandeigentum zu unterteilen.[111] Eine Sonderform im Zusammenhang mit Immobilien besteht noch in Form des Wohnungseigentums.[112] Eine Eigentumseintragung im Grundbuch kann nur im Falle des Vorliegens dieser Eigentumsformen erfolgen und wird weiterhin dadurch konkretisiert, dass nur natürliche oder juristische Personen als Eigentümer eintragungsfähig sind. Damit sind der Ermöglichung von Eigentumsbruchteilen an Immobilien Grenzen hinsichtlich der Rechtsform des Eigentums gesetzt.[113] Aktuelle Anbieter von Immobilien, die dazu die DLT verwenden, ermöglichen, wie anhand der beiden Praxisbeispiele aufgezeigt, lediglich die Bereitstellung eines Darlehens als indirekte Investition oder die Zeichnung von Unternehmensanteilen, als sich an die direkte Investition annähernde Anlageform. Es handelt sich daher im ersten Beispiel um eine Art Security Token und im zweiten Beispiel um einen Utiltiy Token, wie sie im Kapitel 2.5.2 klassifiziert wurden. Der Security Token steht daher für ein unter das Wertpapiergesetzt fallendes Anlagevehikel und der Utility Token für ein Eigentumsrecht, wobei dieses Recht nur in Form des Anteils an der die Immobilie haltenden Gesellschaft besteht.[114] Ein Praxisbeispiel für Eigentum an Immobilien und dem damit verbundenen Grundbesitz bzw. Bruchteilseigentum besteht bislang nicht, sodass hier aktuell noch eine Grenze zur Verschaffung eines im Grundbuch dinglich gesicherten Eigentumsrechts besteht.

Nachfolgend wird das Nutzenpotential, welches sich im Falle einer Etablierung und Vergrößerung der Marktakzeptanz der Technologie ergeben könnte, genauer betrachtet.

---

[111] Vgl. § 54, § 705-740, § 2032.
[112] Vgl. Schmoll & u.a., 2015, S. 158.
[113] Vgl. Berentsen & Markheim, 2020, S. 13.
[114] Vgl. International Token Standardization Associaton, 2020, S. 1.

4.4 Zukunftspotential

Sollte die Entwicklung der DTL und die damit verbundene Anpassung juristischer Rahmenbedingungen positiv verlaufen, besteht ein enormes Potential, welches weit über die Prozessoptimierung im Immobilienbestands- und Transaktionsmanagement hinausgeht.[115] Im Kontext der grundsätzlich immer weiter fortschreitenden Digitalisierung sämtlicher Wirtschaftsbereiche bestehen mitunter volkswirtschaftliche Chancen, bis hin zu einer liberaleren Bodenordnung aus Sicht der Kleinanleger. Im Folgenden soll daher auf die Chancen eingegangen werden, die sich zukünftig aus der Verwendung der DLT, in Verbindung mit Bruchteilseigentum an Immobilien, ergeben können.

4.4.1 Grundbuchrecht

Regierungen haben im Bereich des Grundbuchrechts bereits die Einführung der DLT hinsichtlich ihres Zukunftspotentials für ihr Land untersucht. Schweden hat beispielsweise in Zusammenarbeit mit Fachexperten und IT-Unternehmen eine Fallstudie hierfür aufgestellt. Das Ziel der Studie stellt die Untersuchung des Verbesserungspotential von Immobilientransaktionsprozesses dar und geht damit über ein rein digitales Grundbuch hinaus. Das Potential besteht folglich nicht in der Schaffung einer digitalen Grundstücksdatenbank, da auf diese bereits zurückgegriffen werden kann, sondern darin, die Interaktion zwischen den Beteiligten von Beginn an des Gesamtprozesses, unter Ausschluss der zuvor erwähnten Schwächen, mithilfe bestehender staatlicher Institutionen zu verbessern.

Im Rahmen der schwedischen Fallstudie „Addressing Transaction Costs Through Blockchain and Identity in Swedish Land Transfers" wurden zunächst die derzeitig mit dem grundbuchrechtlichen Erfordernissen verbundenen Schwächen des bestehenden Systems als Anlasse für das Forschungsprojekt hervorgehoben. Schwächen stellen lange Bearbeitungszeiten, die Fehleranfälligkeit und die geringe Transparenz eines Transaktionsprozesses dar.[116] Im Ergebnis des Forschungsprojektes wurde erfolgreich ein Proof of Concept zur sicheren digitalen Prozessabwicklung von Immobilientransaktion und Hypotheken mit definierten Eigenschaften erbracht. Bestandteile sind die Bereitstellung einer Datei für alle Prozessbeteiligten, die den Kaufvertrag, die Belastungen des Grundstücks und die Transaktions-

---

[115] Vgl. Berentsen & Markheim, 2020, S. 8.
[116] Vgl. McMurren, 2018, S. 2 f.

historie abbildet, ähnlich der zuvor erwähnten Darstellung des Eigentums mithilfe von Token. Durch die DLT wird die Authentifizierung der Transaktion in Verbindung mit digitalen Signaturen, der Datei zum Eigentumsnachweis und den Hypotheken sichergestellt. Dabei wird berücksichtigt, dass einige Informationen, wie der derzeitige Eigentümer, mit dem Ziel der Markttransparenz, öffentlich für jeden einsehbar sein sollen und andere, wie Hypothekeneintragungen, nur für dazu berechtigte Personenkreise. Auf der zugrunde liegenden Blockchain ist jedoch bislang keine Speicherung von Eigentumstoken, den zuvor dargestellten Utility Token, die die Übertragung von Eigentumsrechten über einen Token ermöglichen, implementiert. Geplante Prozessbeteiligte sind bislang das Grundbuchamt, Makler, Käufer, Verkäufer und Banken, wie es in folgender Grafik dargestellt wird.[117]

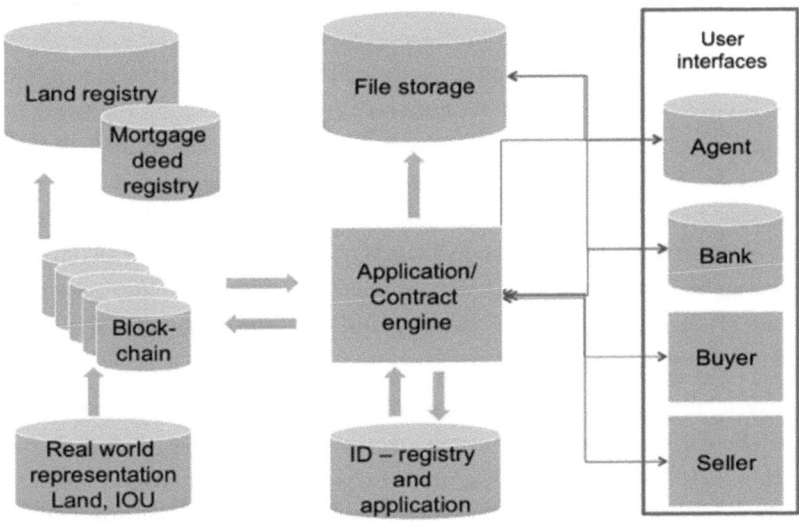

Abb. 3: Interaktion von Prozessbeteiligten
(Quelle: Kairos Future Inc., 2017, S. 3 f.)

Fester Bestandteile der Studie ist der Anwendungsfall des Verkaufs einer Immobilie durch eine Privatperson unter Verwendung der auf dem Konzept aufbauend App, wie sie in Abbildung 3 als User-Interface beziehungsweise Benutzeroberfläche für die Beteiligten vermerkt ist. Über diese kann der Verkäufer auf das Netzwerk und die zugrunde liegenden Daten zugreifen, beginnend bei der Prüfung seiner Eigentümereigenschaft nach erfolgtem Identitätsnachweis. Im Anschluss kann

---

[117] Vgl. Kairos Future Inc., 2017, S. 3 f.

direkt über die ebenfalls auf die Anwendungsoberfläche zugreifenden Makler ein Verkaufsauftrag erteilt werden oder der Verkauf direkt durch den Eigentümer erfolgen, ohne dass zuvor weitere Dokumente wie Grundbuchauszüge oder ähnlichem, eingeholt werden müssen. Diese Unterlagen stehen jederzeit in der aktuellsten Form für Beteiligten mit einem entsprechenden Berechtigungsnachweis im Netzwerk zur Verfügung. Im weiteren Verlauf werden bei Bedarf Kreditinstitute über die App hinzugezogen, die ebenfalls über die Benutzeroberfläche der App Zugriff auf die zur Gewährung einer Hypothek notwendigen Daten haben. Die vierte Partei, die über die Benutzeroberfläche der App an dem Prozess beteiligt ist, sind potentielle Käufer, die auf diesem Wege die zur Kaufentscheidung benötigten Unterlagen erhalten und im weiteren Transaktionsprozess notwendigen Schritte darüber abwickeln können. Auch der Kaufvertrag selbst wird in der Anwendung unter Verwendung standardisierter Verträge aufgesetzt und ist dadurch allen Beteiligten während der Verhandlung und nach Abschluss in bestätigter Form zugänglich. Da das Grundbuchamt während des gesamten Prozesses über das Netzwerk beteiligt ist und Zugriff auf die Daten hat, werden Wartezeiten in Bezug auf Grundbuchauszüge oder Eintragungen reduziert und der Prozessaufwand dadurch enorm verschlankt.[118] Angebunden an den Prozess ist zudem eine staatliche Institution, die ein digitales Identitätsmanagement zur Verfügung stellt, sowie eine Datenspeicherungsstelle. Die Zusammenführung der Netzwerkaktionen findet auf einer Blockchain im Sinne der DTL statt und sorgt dabei für die benötigten Sicherheitsstandards des Netzwerks.

Der erfolgreiche Nachweis des Proof of Concept für ein derartiges Netzwerk und der ebenfalls bereits erfolgte Betrieb eines Testnetzwerkes mit funktionierender technologischer Infrastruktur, zeigt die Fortschritte auf dem Weg zur Implementierung der Technologie. Es handelt sich daher um eine potentielle Gestaltungsmöglichkeit des Grundbuchrechtes, um die in Kapitel 4.3.1 dargestellte Grenze der Realisierbarkeit zukünftig zu überwinden, auch wenn hierzu noch viel Forschungsaufwand bis hin zu einer umfassenden Implementierung erforderlich ist.

4.4.2 Digitaler Zwilling

Im Rahmen der sogenannten Industrie 4.0, also der Organisation und Steuerung von Wertschöpfungsketten durch Vernetzung des Internets der Dinge (englisch Internet of Things, IoT), sowie Daten und Diensten, lässt sich als Bestandteil auch die

---

[118] Vgl. Kairos Future Inc., 2017, S. 70.

Ermöglichung von Bruchteilseigentum an Immobilien mithilfe der DLT einordnen. Dabei werden über das IoT, welches Produkte untereinander verknüpft und über Sensoren Daten im Netzwerk zu Verfügung stellt, digitale Zwillinge von realen Dingen oder auch Werten erzeugt.[119] Das IoT stellt eine Weiterentwicklung des Austausches über das Internet dar und verbindet neben Rechnern auch weitere physische Objekte zum Zwecke der Überwachung und Sammlung von Daten.[120] Gebäude und deren Technik sind eine Art der möglichen physischen Objekte, die zur Optimierung des damit verbundenen Unterhalts oder der Instandhaltungen vernetzt werden können. Im Rahmen der Vernetzung wird der digitale Zwilling zur Repräsentation des Gebäudes im digitalen Raum verwendet. In der Immobilienbranche ist der digitale Zwilling bereits im Zusammenhang mit dem Konzept des Building Information Modeling (BIM) bekannt. BMI stellt dabei den Prozess der vollständigen digitalen Abbildung einer Immobilie über den gesamten Lebenszyklus hinweg dar.[121] Durch Anwendung dieser Methode lässt sich über den gesamten Wertschöpfungszeitraum auf die Daten zurückgreifen, die jederzeit auf aktuellem Stand gehalten werden können und für alle Beteiligten verfügbar sind. Der Stufenplan des Bundesministeriums für Verkehr und digitale Infrastruktur (BMVI) schreibt bereits für 2020 die vollständige Anwendung von BMI für Projekte des BMVI vor. Diese Entwicklung verdeutlicht die Bedeutung zur digitalen Abbildung der mit dem Wirtschaftsgut verbundenen Eigentumsrechte, da sie die Grundlage und Voraussetzungen für sämtliche weiterer Planungs- und Handlungsschritte sind.[122] BIM beinhaltet ausschließlich das Informationsmanagement in Bezug auf die Planung, den Bau, die Instandhaltung und den Rückbau, sowohl auf technischer, als auch vertraglicher Ebene, jedoch kein Management von mit der Immobilie verbundenen Rechten und Pflichten.[123] Durch die Anbindung einer manipulationssicheren Datenbank zum Management von Rechten bzw. Pflichten auf Basis der DTL, kann diese Lücke geschlossen werden, um neben den Beteiligten eine vollständige Datenbasis zur Entscheidungsfindung zu geben und Planungsfehler aufgrund nicht bekannter vertraglicher Verknüpfungen zu verhindern.[124] Die digitale Unterstützung in Form von BIM bei der Entscheidungsfindung hinsichtlich technischer Fragestellungen, in

---

[119] Vgl. Diedrich & Eisenhardt, 2018, S. 2.
[120] Vgl. Borgmeier u.a., 2017, S. 4.
[121] Vgl. Autodesk, 2020, o. S.
[122] Vgl. Bundesministerium für Verkehr und digitale Infrastruktur, 2016, o. S.
[123] Vgl. Hausknecht & Liebich, 2017, S. 7.
[124] Vgl. Hopf & Picot, 2018, S. 110.

Verbindung mit der technologischen Unterstützung durch die DLT in kaufmännischen Prozessen, ermöglichen es, einen vollständigen digitalen Zwilling des Produktes zu erzeugen. Daraus ergibt sich ein enormes Potential auch in Bezug auf die Generierung, Speicherung und Verwendung der digitalen Daten, die für die Immobilienbranche bereits im Rahmen von Marktprognosen und Wertermittlungen von wachsender Bedeutung sind.[125] Durch die ganzheitliche Berücksichtigung technischer und kaufmännischer Faktoren im Rahmen der digitalen Abbildung einer Immobilie lassen sich daher zukünftig Risiken und Entscheidungsfehler aufgrund einer mangelhaften Informationsbasis reduzieren und gleichzeitig Chancen aufdecken. Hinzu kommt die Möglichkeit der Einbindung von Smart Contracts, die auch die Abbildung sämtlicher vertraglicher Beziehungen auf technischer und kaufmännischer Ebenen ermöglichen und damit eine vollständige Transparenz der Geschäftsabläufe schaffen, sowie in großen Teilen wiederkehrende Prozesse automatisieren und damit verlässlich standardisieren.[126] Über die selbständige Auslösung von Aktionen, wie beispielsweise Zahlungen oder Forderungsanpassungen hinaus, ist es perspektivisch auch möglich, originär juristische Verträge mit diesen Codes darzustellen und abzuwickeln. Durch die digitale Erfassung von Rechtsverträgen innerhalb festgelegter Rahmenbedingungen, die transparent und kalkulierbar für alle Beteiligten sind, kann auf die Einbindung von Treuhändern oder Notaren immer weiter verzichtet werden.[127]

Die aufgezeigten Überschneidungen der verschiedenen Bestandteile der digitalen Transformation in allen Wirtschaftsbereichen, insbesondere zwischen dem IoT, BIM und der DTL, sind von besonderer Bedeutung auf dem Weg zur Adaption durch die Bevölkerung. Voraussetzung hierfür ist jedoch die vollständige Erfassung und Einbindung der Daten in die technologische Infrastruktur der DTL und die regulatorische Unterstützung von Seiten des Gesetzgebers. Unter Berücksichtigung dieser sich aus der DLT ergebenden Chancen, ergibt sich eine Zukunftsperspektive zur Überwindung der in Kapitel 4.3.2 beschriebenen Grenze hinsichtlich der technologischen Infrastruktur, um die Digitalisierung von Immobilien und den damit verbundenen Eigentumsrechten in Verbindung mit der DTL zu ermöglichen.

---

[125] Vgl. Winson-Geideman & Krause, 2016, S. 6.
[126] Vgl. Kok u.a., 2017, S. 204.
[127] Vgl. Vornholz, 2019, S. 62.

4.4.3 Bodenordnung

Über die zuvor betrachteten Chancen zur Vereinfachung von Immobilientransaktionen und der Prozessoptimierung im Rahmen des Managements von Immobilien hinaus, lässt sich auch ein volkswirtschaftliches Potential in der Ermöglichung von Bruchteilseigentum, welches durch die DLT gestützt wird, erwarten. Die Bodenordnung und das private Bodeneigentum stehen im Zentrum der Überlegung, durch diese neue Technologie den Immobilien- und damit untrennbar verbunden, den Grundstücksmarkt, zu liberalisieren. Dabei handelt es sich um ein Thema, welches bereits seit Ende des 18. Jahrhunderts eng mit der sozialen Ordnung europäischer Länder verbunden ist und seitdem ununterbrochen, mit Phasen unterschiedlicher Intensität Bestandteil gesellschaftlicher und politischer Diskussionen ist.[128] Die Entwicklung der Bodenordnung von einer feudalistischen Struktur mit der Abhängigkeit von Grundbesitz zu sozialem und wirtschaftlichem Gesellschaftsstand, hin zu einer Liberalisierung, die jedem Bürger die privatrechtliche Erlangung von Grund und Boden eröffnet soll, erscheint in Anbetracht der geringen Eigentumsquote innerhalb der Bevölkerung dabei bis heute nicht erfolgreich gewesen zu sein. Privathaushalte sind weiterhin auf gemieteten Wohnraum angewiesen und haben keine realistische Aussicht auf die Erlangung von Wohneigentum. Zu groß sind trotz der grundsätzlichen bestehenden Möglichkeit zum Erwerb von Grundbesitz die Hürden, wobei an erster Stelle laut einer zuletzt durch den Immobilienverband Deutschland in Auftrag gegeben Studie, der hohe Eigenkapitalbedarf steht.[129] Durch die über die bislang bestehenden Teilungsmöglichkeiten von Grundbesitz und Immobilien hinausgehende Verkleinerung von Losgrößen der Eigentumsrechte, werden derartige Barrieren auf dem Weg zum Eigentumserwerb reduziert. Dies wird durch die derzeitige Entwicklung von Anwendungen und Plattformen zum Handel von Bruchteilseigentum an Immobilien auf Basis der DTL ermöglicht, sodass ein volkswirtschaftliches Potential zur Öffnung des Immobilienmarktes davon ausgeht. Die Verteilung von Immobilienvermögen innerhalb der Gesellschaft kann dadurch gefördert werden, worin die Politik trotz zahlreicher Willensbekundungen und bekannter Förderinstrumente in den letzten Jahrzehnten kaum eine Verbesserung erreichen konnte, wie im Kapitel 2.1.2 dargelegt wurde.[130] Zudem werden Lösungsansätze in Bezug zu Bruchteilseigentum an Immobilien bereits seit

---

[128] Vgl. Ott, 1973, S. 130 f.
[129] Vgl. IVD, 2020 S. 1.
[130] Vgl. Voigtländer & Seipelt, 2017, S. 64.

Ende des 19. Jahrhunderts in Form des Stockwerkseigentums, welches im Jahr 1951 in das Wohnungseigentumsgesetzt (WEG) überführt wurde und heute nur noch in Baden-Württemberg vorzufinden ist, diskutiert.[131] Die Intention zur Schaffung des Wohnungseigentumsrechts in Deutschland war zur Nachkriegszeit die Förderung des Wohnungsbaus mit dem Fokus auf den Eigentumserwerb für die breite Bevölkerung.[132] Im Laufe der Entwicklung und zunehmenden gesetzlichen Regulierung durch Reformen, hat dieses Modell jedoch an Nutzen für Kleinanleger verloren, da die Entscheidungen innerhalb der Eigentümergemeinschaft durch Kapitalanleger mit Stimmmehrheiten zunehmend zentralisiert werden. Der jüngste Gesetzesentwurf der Bundesregierung zur Modernisierung des Wohnungseigentumsgesetztes lässt sich daher im Rahmen der aktuellen Entwicklung von Bruchteilseigentum mithilfe der DTL betrachten.[133] Zwei Reformvorschläge sind dabei von besonderer Bedeutung. Erstens die Förderung einer Nutzung, der sich aus der Digitalisierung ergebenden Chancen, zum Zweck der Durchführung von Eigentümerversammlung als zentrales Entscheidungsgremium. Zweitens die Stärkung der rechtsfähigen Gemeinschaft der Wohnungseigentümer in Bezug auf die Verwaltung des Gemeinschaftseigentums und im allgemeinen Rechtsverkehr. Ersteres stellt eine direkte Parallele zum Management und der Entscheidungsfindung innerhalb einer Bruchteilsgemeinschaft dar, die sich unter Nutzung der DTL organisieren und gemeinschaftlich Eigentum an einer Immobilie halten. Der Gesetzesentwurf beinhaltet diesbezüglich die Öffnung der Eigentümerversammlung zur Teilnahme von Eigentümern über digitale Anwendungen wie beispielsweise Videochats, was bislang aufgrund der vorgeschriebenen persönlichen Anwesenheit nicht erlaubt war.[134] Außerdem sollen Umlaufbeschlüsse, also ohne Abhaltung einer Eigentümerversammlung schriftlich stattfindende Beschlussfassungen, unter Einhaltung der Textform rechtswirksam gefasst werden können. Die Herabsetzung der Formerfordernis ermöglicht eine digital gestützte Beschlussfassung unter Nutzung von Plattformen oder Apps.[135] Die angestrebten Entwicklungen zur Digitalisierung werden in der Gestattung des Führens eines digitalen Beschlussbuches zusammengefasst. Der zweite Reformvorschlag, der sich in Verbindung mit der DLT betrachten lässt und die Rechts- und allgemein die Handlungsfähigkeit der Wohnungs-

---

[131] Vgl. Land Baden-Württemberg, 1967, o. S.
[132] Vgl. Kohl, 2007, S. 575.
[133] Vgl. Bundestag, 2020, S. 2.
[134] Vgl. § 23 Abs. 1 Satz 1 WEG-E.
[135] Vgl. § 23 Abs. 3 WEG-E.

eigentümergemeinschaft behandelt, nimmt explizit Bezug auf den Mangel im WEG, dass eine Rechtsfähigkeit historisch nicht vorgesehen war und erst durch Rechtsprechung faktisch geschaffen wurde.[136] Die in Kapitel 4.3.3 betrachtete Grenze auf dem Weg zur Realisierung von Bruchteilseigentum an Immobilien unter Verwendung der DTL, beruht auf einem vergleichbaren Mangel der gesetzlichen Rahmenbedingungen, sodass sich eine direkte Parallele ergibt. Die historische Entwicklung im Bereich des WEG und dessen fortlaufende Reformierung verdeutlichen daher, dass bestehende, aber auch neu aufkommende Lösungen für die Organisation von Immobilienbesitz von volkswirtschaftlicher Bedeutung sind. Gerade im aktuellen Kontext sich weiter zuspitzender Mietpreise und Baulandspekulationen, sollten daher die sich neu entwickelnden technologische Möglichkeiten wie die DLT, mit dem Ziel zur Reduzierung von Erwerbsbarrieren, gefördert werden.

---

[136] Vgl. Bundestag, 2020, S. 27 f.

5 Fazit

Der Immobilienmarkt ist trotz langjähriger staatlicher Versuche der Bevölkerung den Erwerb von Immobilien- und Grundbesitz zu ermöglichen, weiterhin mit Einstiegsbarrieren aufgrund hohem Eigenkapitalbedarf und komplexen Transaktionsprozessen behaftet. Dadurch besteht eine geringe Eigentumsquote innerhalb der Gesellschaft mit einer Tendenz zur Stagnation aufgrund steigender Kaufpreise, in Verbindung mit den dazu in Relation stehenden Kaufnebenkosten. Neue Lösungen hinsichtlich der Gestaltung von Eigentumsrechten in Bruchteilen an Immobilien, unter Verwendung neuer Technologie zum Zwecke der Optimierung des Transaktionsprozesses, sollten daher, auch wenn sie bislang hauptsächlich von der Privatwirtschaft entwickelt werden, mit Nachdruck verfolgt werden. Die Ermöglichung größerer juristischer Freiräume in Bezug auf Eigentumsformen, die einer Gemeinschaft von Menschen nicht länger durch restriktive Rahmenbedingungen die Vermögensbildung erschwert, sondern diese im sozialwirtschaftlichen Sinne fördert, stellt dabei einen wichtigen Teil in der Entwicklung dar. Dies vorausgesetzt, erlaubt es den ansonsten schwer zugänglichen Markt durch technologische Infrastrukturen wie der DLT, weiterzuentwickeln und damit eine insgesamt leistungsstärkere Marktstruktur zu schaffen. Eine solche Struktur beinhaltet auch die Ausweitung der Investitionsmöglichkeiten für Kleinanleger und reduziert die Marktbarrieren auf ein bislang nicht möglich gewesenes Minimum. Das sich hierdurch ergebende Potential ist zum jetzigen Zeitpunkt aufgrund des früheren Entwicklungsstadiums rund um die DLT und davon ausgehend, der Tokenisierung von Besitzrechten, noch nicht absehbar und bedarf weiterer intensiver Forschung und fortlaufender Untersuchung der Praxistauglichkeit. Erst durch die wissenschaftliche Beschäftigung mit der Technologie und ihrer Anwendbarkeit in der Immobilienbranche, lässt sich die für Innovationen und im Allgemeinen für Veränderungen notwendige gesellschaftliche Akzeptanz erreichen. Kernpunkte sollten diesbezüglich die Schaffung gesetzlicher Regularien für die DLT und Tokenprodukte sein, um den Unternehmen die Aussicht auf staatliche Akzeptanz ihrer Bestrebungen in der Vermarktung darauf aufbauender Produkte zu geben. Einige Länder haben diese Chance erkannt und nutzen verschiedene Förderungsinstrumente, um Unternehmen an sich zu binden oder beschäftigen sich bereits selbst mit der Erforschung der Technologie und davon ausgehenden Anwendungsmöglichkeiten. Auch wenn immobilienspezifische Themen und Fragestellungen bislang hauptsächlich in Bezug auf Grundbücher oder Finanzierungsinstrumente untersucht werden, bietet sich davon ausgehend im Bereich der Eigentumsrechte, nicht nur an Immobilien, aber aufgrund der hohen

Marktkapitalisierung insbesondere dort, ein enormes wirtschaftliches und soziales Potential für die Zukunft. Im Rückblick auf die im Bereich der DTL bereits innerhalb weniger Jahre erreichten enormen Fortschritte, ausgehend von einer Technologie zum Zwecke der Schaffung eines von Intermediären unabhängigen Zahlungsnetzwerkes in Form von Bitcoin, bis hinein in die Finanzwirtschaft und darüber hinaus in viele weitere Wirtschaftsbereiche, wird deutlich, dass es sich um eine andauernde Entwicklung handelt. Die anfängliche Skepsis weicht, aufgrund der ständigen Verbreitung und Professionalisierung der Blockchain-Branche, der Erkenntnis, dass es sich um einen wichtigen Bestandteil der zukünftigen Digitalisierung vieler Wirtschaftsbereiche handelt und zum Zwecke der Konkurrenzfähigkeit von Unternehmen und auch Staaten, als attraktiver Wirtschaftsstandort, immer weiter an Bedeutung gewinnt. Der Erfolg hängt jedoch letztendlich entscheidend von der Entwicklung und Etablierung konkreter Anwendungsfälle ab, zu denen auch der Handel und das Management von Bruchteilseigentum an Immobilien zählen kann, wenn die Privatwirtschaft und der Staat mit seiner regulierenden Gesetzgebung weitere Anstrengungen in diesem Bereich unternehmen. Da die Technologie und Gesetzgebung sich jedoch derzeitig noch am Anfang befindet, lässt sich frühestens in einem mittel- bis langfristigen Horizont von einem messbaren und praxisrelevanten Nutzen ausgehen, auch wenn vieles dafür spricht und im Falle der stetigen Weiterentwicklung das tatsächlich Potential über die derzeitigen Erwartungen deutlich hinausgehen kann.

Literaturverzeichnis

Antonopoulos, A. M. (2018). *Bitcoin & Blockchain - Grundlagen und Programmierung* (2 Ausg.). (P. Klicman, Übers.) Heidelberg: dpunkt.verlag GmbH.

Autodesk. (2020). *Besser Planen und Bauen mit BIM.* Abgerufen am 05 2020 von www.autodesk.de: https://www.autodesk.de/solutions/bim

Baden-Württemberg, F. (1967). *Bewertung des Stockwerkseigentums.* Baden-Württemberg: Finanzministerium Baden-Württemberg.

Berentsen, A., & Markheim, M. (2020). *Real Estate trifft auf Blockchain: Chancen und Herausforderungen der Tokenisierung von illiquiden Vermögenswerten.* Abgerufen am 20. 04 2020 von www.mpra.ub.uni-muenchen.de: https://mpra.ub.uni-muenchen.de/99399/1/MPRA_paper_99399.pdf

Blackmanta Capital. (2020). *Wertpapier-Informationsblatt.* Abgerufen am 20. 04 2020 von www.blackmanta.capital.de: https://blackmanta.capital/de/tigris-s17a/

Blockchaincenter.net. (2018). *Distributed Ledger Technologie – DLT.* Abgerufen am 17. 04 2020 von www.blockchaincenter.net: https://www.blockchaincenter.net/wiki/distributed-ledger-technologie/

Brunner, M. (1997). *Immobilien Investment: Produkte · Märkte · Strategien* (2. aktualisierte Auflage Ausg.). Wiesbaden: Gabler.

Bundesanstalt für Finanzdienstleistungsaufsicht. (2020). *Tokenisierung.* Abgerufen am 20. 04 2020 von www.bafin.de: https://www.bafin.de/SharedDocs/Veroeffentlichungen/DE/Fachartikel/2019/fa_bj_1904_Tokenisierung.html

Bundesministerium der Finanzen. (2019). *Blockchain-Strategie der Bundesregierung Wir stellen die Weichen für die Token-Ökonomie.* Abgerufen am 17. 04 2020 von www.bmwi.de: https://www.bmwi.de/Redaktion/DE/Publikationen/Digitale-Welt/blockchain-strategie.pdf?__blob=publicationFile&v=10

Bundesministerium für Verkehr und digitale Infrastruktur. (2016). *Digitales Planen und Bauen.* Abgerufen am 22. 05 2020 von www.bmvi.de: https://www.bmvi.de/SharedDocs/DE/Artikel/DG/digitales-bauen.html

Bundesrat. (2019). *Entwurf eines Gesetzes zur Umsetzung der Richtlinie (EU) 2019/1151 des Europäischen Parlaments und des Rates vom 20. Juni 2019 zur Änderung der Richtlinie (EU) 2017/1132 im Hinblick auf den Einsatz digitaler Werkzeuge und Verfahren im Gesellschaftsrecht.* Bundesrat.

Bundestag, D. (2020). *Entwurf eines Gesetzes zur Förderung der Elektromobilität und zur Modernisierung des Wohnungseigentumsgesetzes und zur Änderung von kostenund grundbuchrechtlichen Vorschriften.* Von www.deubner-recht.de: https://www.deubner-recht.de/fileadmin/media/Recht/downloads/files/weg-rege-1918791.pdf abgerufen

Chen, Y. (2018). Blockchain tokens and the potential democratization of entrepreneurship and innovation. *Business Horizons*, 567-575.

CoinMarketCap. (2020). Abgerufen am 17. 04 2020 von www.coinmarketcap.com: https://coinmarketcap.com/

CoinMarketCap. (2020). *Top 100 Tokens by Market Capitalization.* Abgerufen am 20. 04 2020 von www.coinmarketcap.com: https://coinmarketcap.com/tokens/

Davis, F. (1985). *A technology acceptance model for empirically testing new end-user information systems - theory and results.* Massachusetts: Massachusetts Inst. of Technology.

Destatis, Statisches Bundesamt. (2019a). *Pressemitteilung Nr. 265 vom 11. Juli 2019.* Abgerufen am 15. 04 2020 von www.destatis.com: https://www.destatis.de/DE/Presse/Pressemitteilungen/2019/07/PD19_265_122.html

Destatis, Statistisches Bundesamt. (2019b). *Einkommens- und Verbrauchsstichprobe Geld- und Immobilienvermögen sowie Schulden privater Haushalte.* Abgerufen am 15. 04 2020 von www.destatis.de: https://www.destatis.de/DE/Themen/Gesellschaft-Umwelt/Einkommen-Konsum-Lebensbedingungen/Vermoegen-Schulden/Publikationen/Downloads-Vermoegen-Schulden/evs-geld-immobilienvermoegen-schulden-2152602189004.pdf?__blob=publicationFile

Diedrich, C., & Eisenhardt, J. (2018). *Die Blockchain als eine Technologie für die Verwirklichung von Visionen der I4.0.* Abgerufen am 05 2020 von www.researchgate.net: https://www.researchgate.net/profile/Alexander_Belyaev13/publication /326625600_Die_Blockchain_als_eine_Technologie_fur_die_Verwirklichun g_von_Visionen_der_I40/links/5b59a26c0f7e9bc79a65e7e6/Die-Blockchain-als-eine-Technologie-fuer-die-Verwirklichung-von-V

Dietrich, R. (2005). *Entwicklung werthaltiger Immobilien.* Wiesbaden: B.G. Teubner.

Egloff, P., & Turnes, E. (2019). *Blockchain für die Praxis: Kryptowährungen, Smart Contracts, ICOs und Tokens.* Schwabe AG.

Enterprise Estonia. (2020). *building blocks of e-estonia.* Abgerufen am 28. 04 2020 von www.e-estonia.com: https://e-estonia.com/solutions/

Exporo. (2020). *Blockchain-Technologie in der Immobilienwirtschaft.* Von www.exporo.de: https://exporo.de/blog/die-blockchain-technologie-in-der-immobilienwirtschaft/ abgerufen

Finexity. (2019). *Blockchain-Guide.* Abgerufen am 20. 04 2020 von www.finexity.com: https://www.finexity.com/

Finexity. (22. 10 2019). *Schulderverschreibungsbedingungen.* Abgerufen am 21. 04 2020 von www.finexity.com: https://finexity.com/marketplace/DE-HH-01

Finexity. (2020a). *How it works.* Abgerufen am 21. 04 2020 von www.finexity.com: https://www.finexity.com/how-it-works

Finexity. (2020b). *JA! Jenfelder Au.* Abgerufen am 21. 04 2020 von www.finexity.com: https://finexity.com/marketplace/DE-HH-01

Geiling, L. (2016). *Distributed Ledger: Die Technologie hinter den virtuellen Währungen am Beispiel der Blockchain.* Abgerufen am 17. 04 2020 von www.bafin.de: https://www.bafin.de/SharedDocs/Veroeffentlichungen/DE/Fachartikel/ 2016/fa_bj_1602_blockchain.html

Gondring, H.-P., & Lammel, E. (2001). *Handbuch Immobilienwirtschaft.* Wiesbaden: Betriebswirtschaftlicher Verlag Dr. Th. Gabler.

Grob, S. E., & Hannawa, N. J. (2008). *Federal Tax Status of a Series Limited Liability Company.* Detroit: Dykema Gossett PLLC.

Grohmann, A., Borgmeier, A., Buchholz, C., & Haußmann Nathalie, I. S. (2017). Smart Service und Internet der Dinge: State of the art. In A. Grohmann, A. Borgmeier, & S. F. Gross, *Smart Service und Internet der Dinge: Geschäftsmodelle, Umsetzung und Bestpractices.* München: Carl Hanser Verlag GmbH & Co. KG.

Gromer, C. (2012). *Die Bewertung von nachhaltigen Immobilien: Ein kapitalmarkttheoretische Ansatz basierend auf dem Realoptionsgedanken.* Stuttgart: Sptringer-Gabler.

Handschumacher, J. (2019). Das Grundbuch. *Immobilienrecht praxisnah*, S. 127 - 147.

Hausknecht, K., & Liebich, T. (2017). *BIM-Kompendium.* Stuttgart: Frauenhofer IRB Verlag.

Hellerforth, M. (2008). *Immobilieninvestition und -finanzierung kompakt.* München: Oldenbourg Wissenschaftsverlag GmbH.

Hellerforth, M. (2012). *BWL für die Immobilienwirtschaft: Eine Einführung* (2. Ausg.). München: Oldenbourg Wissenschaftsverlag GmbH.

Helmrich, S. M., & u.a. (2019). *Crowdinvest Immobilien-Report 2019.* Abgerufen am 16. 04 2020 von www.crowdinvest.de: htttps://ssrn.com/abstract=3413448

Hentze, T., & Voigtländer, M. (2017). *Reformoptionen für die Grunderwerbsteuer.* Köln: Institut der deutschen Wirtschaft (IW).

Hopf, S., & Picot, A. (2018). Revolutioniert Blockchain-Technologie das Management von Eigentumsrechten und Transaktionskosten? In T. Redlich, M. Moritz, & J. Wulfsberg, *Interdisziplinäre Perspektiven zur Zukunft der Wertschöpfung* (S. 109). Wiesbaden: Springer Gabler.

International Token Standardization Associaton. (2020). *Setting standards for global token marktes.* Abgerufen am 20. 04 2020 von www.bvi.de: https://www.bvi.de/fileadmin/user_upload/Regulierung/Branchenstand ards/20190125_-_ITSA_- _Setting_Standards_for_Global_Token_Markets.pdf

IVD, Y. i. (2020). *Umfrage zum Eigentumserwerb 2020.* IVD.

IVD; Immowelt. (2020). *Digitaler Notarvertrag für Immobilienkäufe jetzt.* Von www.openpetition.de: https://www.openpetition.de/petition/online/digitaler-notarvertrag-fuer-immobilienkaeufe-jetzt abgerufen

Just, P. D., & u.a. (2017). *Wirtschaftsfaktor Immobilien 2017.* Berlin: Deutscher Verband für Wohnungswesen, Städtebau und Raumordnung e.V.

Kairos Future Inc. (2017). *The Land Registry in the blockchain - testbed.* Kairos Future Inc.

Kejriwal, S., & Mahajan, S. (2017). *Blockchain in commercial real estate.* Abgerufen am 17. 04 2020 von www2.deloitte.com: https://www2.deloitte.com/us/en/pages/financial-services/articles/blockchain-in-commercial-real-estate.html

Kofner, P. D. (2019). *Investitionsrechnung für Immobilien* (5. Ausg.). Freiburg: Haufe-Lexware GmbH & Co. KG.

Kohl, G. (2007). *Stockwerkseigentum. Geschichte, Theorie und Praxis der materiellen Gebäudeteilung unter besonderer Berücksichtigung von Rechtstatsachen aus Österreich.* Berlin: Duncker & Humboldt.

Kok, N., Koponen, E.-L., & Martínez-Barbosa, C. A. (2017). Big Data in Real Estate? From Manual Appraisal to Automated Valuation. *The Journal of Portfolio Management Special Real Estate Issue,* 202-211.

Krimphove, P. D. (2006). *Das europäische Sachenrecht - Eine rechtsvergleichende Analyse nach der komperativen Institutionenökonomie.* Paderborn: Josef EUL Verlag. Von www.books.google.de: https://books.google.de/books?id=DAvBu_o-sTOC&lpg=PR4&ots=Ln6kntOEWF&dq=bruchteilseigentum%20vorteile%20nachteile&lr&pg=PA43#v=onepage&q&f=false abgerufen

Kunz, M., & u.a. (2016). *Crowdfunding in Europe – State of the Art in Theory and Practice.* Abgerufen am 16. 04 2020 von www.researchgate.net: https://www.researchgate.net/publication/279446432_Crowdfunding_-_The_New_Era_of_Fundraising

Kusber, T., Schwalm, S., Berghoff, C., & Korte, U. (2018). Langfriste Beweiserhaltung und Datenschutz in der Blockchain. *DACH-Security 2018.* Gelsenkirchen.

Land Nordrhein-Westfalen vertreten durch das Ministerium der Justiz. (2020). *Internet-Grundbucheinsicht.* Abgerufen am 28. 04 2020 von www.grundbuch-portal.de: http://www.grundbuch-portal.de/

Legislative Council General Assembly State of Delaware. (2020). *CHAPTER 18. Limited Liability Company Act.* Abgerufen am 22. 04 2020 von www.delcode.delaware.gov: https://delcode.delaware.gov/title6/c018/sc01/index.shtml

Madaus, S. (2012). Die Bruchteilsgemeinschaft als Gemeinschaft von Vollrechtsinhabern. *Archiv für die civilistische Praxis, 212,* 251 - 295.

McMurren, J. u. (2018). *Addressing Transaction Costs Through Blockchain and Identity in Swedish Land Transfers.* GOVLAB.

Michelsen, C. (2017). Die hohe Schwelle ins Eigenheim. *DIW Wochenbericht*(37).

Million, C. (2019). *Crashkurs Blockchain - Einführung, Grundprinzipien, Use Cases.* Freiburg: Haufe-Lexware GmbH & Co. KG.

Nakamoto, S. (2008). *Bitcoin - A Peer-to-Peer Electronic Cash System.* MIT License (MIT).

Ott, C. (1973). Bodenrecht. In M. Rehbinder, *Recht im sozialen Rechsstaat* (Bd. 5). Opladen: Westdeutscher Verlag.

Pavlos, T. (2014). Zur Regelung des Gebrauchs beim Miteigentum. In *Archiv für die civilistische Praxis.* Tübingen: Mohr Siebeck GmbH & Co. KG.

Pyndick, R., & Rubinfeld, D. (2009). *Mikroökonomie* (7. Ausg.). München: Pearson Education Deutschland GmbH.

RealT AG. (2019a). *Legally Compliant Ownership of Tokenized Real Estate.* Abgerufen am 20. 04 2020 von www.realt.co: https://realt.co/wp-content/uploads/2019/05/RealToken_White_Paper_US_v03.pdf

RealT AG. (2019b). *Marketplace.* Abgerufen am 22. 04 2020 von www.realt.co: https://realt.co/marketplace/

RealT AG. (2019c). *Private Placement Memorandum: Realtoken LLC – Series #3-16200 Fullerton.* Abgerufen am 22. 04 2020 von www.realt.co: https://realt.co/wp-content/uploads/2019/09/REALTOKEN-LLC-SERIES-3-16200-FULLERTON-1.pdf

Reetz, F. (2019). *Herausforderungen und Förderstrategien für die Blockchain-Technologie.* Berlin: Expertenkommission Forschung und Innovation (EFI).

Rehkugler, D. H. (2009). *Die Immobilie als Kapitalmarktprodukt.* München: Oldenbourg Verlag.

Rottke, N., & Thomas, M. (2017). *Immobilienwirtschaftslehre - Management.* Wiesbaden: Springer Gabler.

Sandler, G. (2017). Bergfürst: Immobilien-Crowdfunding. In V. Tiberius, & C. Rasche, *FinTechs* (S. 57-63). Wiesbaden: Springer Galber.

Schäfer, T. (2017). Wohneigentumsförderung, Share Deals und das Fell des Bären. *ifo Schnelldienst*(21/2017), S. 10-12.

Schacht, S., & Lanquillon, C. (2019). *Blockchain und maschinelles Lernen.* Berlin: Springer Vieweg.

Schmiese, J. (2019). *Token-Ökonomie braucht Standards.* Abgerufen am 20. 04 2020 von www.bankenverband.de: https://bankenverband.de/blog/tokenisierung-mitgliedschaft-itsa/

Schmoll, F., & u.a. (2015). *Basiswissen Immobilienwirtschaft* (3. Ausg.). Berlin-Schönefeld: Grundeigentum-Verlag GmbH.

Schneider, B. (1996). *Applied Cryptography, Second Edition: Protocols, Algorthms, and Source Code in C (cloth).* John Wiley & Sons, Inc.

Schweizer Bundesrat. (2018). *Rechtliche Grundlagen für Distributed Ledger-Technologie und Blockchain in der Schweiz.* Abgerufen am 17. 04 2020 von www.parlament.ch: https://www.parlament.ch/centers/eparl/curia/2015/20154086/Bericht%20BR%20D.pdf

Sebastian, P. D., & u.a. (2012). Vor- und Nachteile von direkten und indirekten Immobilienanlagen. *IREBS Beiträge zur Immobilienwirtschaft.*

Statista. (2019). *Eigentümerquote in Deutschland im Zeitraum von 1998 bis 2018 nach Bundesländern.* Abgerufen am 15. 04 2020 von www.statista.com: https://de.statista.com/statistik/daten/studie/155713/umfrage/anteil-der-buerger-mit-wohneigentum-nach-bundesland/

Statista Research Department. (2018). *Statistiken zu offenen Immobilienfonds.* Abgerufen am 16. 04 2020 von www.statista.com: https://de.statista.com/themen/1372/immobilienfonds/

Team Rocket. (2018). *Snowflake to Avalanche: A Novel Metastable Consensus Protocol Family for Cryptocurrencies.* Abgerufen am 17. 04 2020 von www.ipfs.io: https://ipfs.io/ipfs/QmUy4jh5mGNZvLkjies1RWM4YuvJh5o2FYopNPVYw rRVGV

Vogelsteller, F., & Buterin, V. (2015). *EIP 20: ERC-20 Token Standard.* Abgerufen am 26. 04 2020 von www.eips.ethereum.org: https://eips.ethereum.org/EIPS/eip-20

Voigtländer, P. D., & Seipelt, B. (2017). *Perspektiven für private Kleinvermieter.* Köln: Institut der deutschen Wirtschaft Köln.

Vornholz, G. (2014). *VWL für die Immobilienwirtschaft* (2 Ausg.). München: Oldenbourg Verlag.

Vornholz, G. (2019). *Digitalisierung der Immobilienwirtschaft.* Berlin: Walter de Gruyter GmbH & Co KG.

Voshmgir, S. (2019). *Token Economy - How Blockchains and Smart Contracts Revolutionize the Economy* (3 Ausg.). Berlin: BlockchainHub Berlin.

Wagenknecht, S. (2020). *Interview: "Bei tokenisierten Immobilien sehe ich derzeit Goldgräberstimmung".* Abgerufen am 20. 04 2020 von www.btc-echo.de: https://www.btc-echo.de/bei-tokenisierten-immobilien-sehe-ich-derzeit-goldgraeberstimmung/

Wellner, D. K. (2002). *Entwicklung eines Immobilien-Portfolio-Management-Systems.* Leipzig: Institut für Immobilienmanagement der Wirtschaftswissenschaftlichen Fakultät der Universität Leipzig.

Winson-Geideman, K., & Krause, A. (2016). Transformation in Real Este Research: The Big Data Revolution. *22nd annual Pacific-RIM Real Estate Society Conference.* Queensland.